1945年４月に撮影された稀代の宣伝家パウル・ヨゼフ・ゲッベルス。1897年10月29日生まれで45年５月１日にベルリンの総統壕で47歳で自殺した。ゲッベルスの効果的なプロパガンダは悪のレトルトの中でカクテルされた。

小柄な身体から大きな身振りと大声で〝宣伝爆弾〟を国民に落とす国民啓蒙宣伝大臣ゲッベルス。ゲッベルスは宣伝そのもののために、〝ありうべきこと〟を現実となるまで徹底して演出した。

高い効果を意図してベルリンのヴィルヘルム広場に面する国民啓蒙宣伝省のバルコニーから演説するゲッベルス。新聞、ラジオ、映画、文学、美術を統制して大衆をコントロールした。

上：1933年初期に設けられた世界初の国民啓蒙宣伝省(RMVPと略した)の建物で元はレオポルト宮殿だった。こののちに大増築されて最盛期には職員1万5000名を擁する巨大官庁となった。下：1944年後半の連合軍機の爆撃で廃墟となった国民啓蒙宣伝省の増築部分。この後、ゲッベルスと幹部はベルリン郊外のシュヴァネンベルダーの別荘で宣伝戦を続行した。

上：国力総動員を意図する総力戦を説き国民を奮い立たせるゲッベルスだが、総力戦は第一次大戦時のフォン・ヒンデンブルグ元帥の言葉の借用だった。ゲッベルスは言う「嘘も100回繰り返せば真実になる」。下：ゲッベルスが不倶戴天の敵として最も危険視した英国のウィンストン・チャーチル首相。ロンドンの首相官邸前にて有名なヴィクトリー（勝利）のサインを示している。

NF文庫
ノンフィクション

新装版
ゲッベルスとナチ宣伝戦

一般市民を扇動する恐るべき野望

広田厚司

潮書房光人新社

はじめに

七〇年前のヒトラー・ドイツ時代に稀代の扇動家あるいは宣伝至上主義者（プロパガンディスト）と呼ばれた有名なヨゼフ・ゲッベルスについては、欧米の名だたる史家たちは勿論のこと、本邦でも翻訳書や幾人かの作者による優れた著作が多くあり、それぞれに独自の観点からの研究と分析が充分になされた感があるほどである。

それにもかかわらず、著者がこの題材に関心を向けたのは、ゲッベルスの伝記、人物の精神的分析、あるいはイデオロギー的問題といった主題ではなく、特異な才能を持つ扇動宣伝家の「宣伝手法」に惹かれたからである。

最盛期には一万五〇〇〇人もの職員を擁した世界最初にして最大の「国民啓蒙宣伝省」はヒトラー国家の一宣伝機関というより、もはや宣伝省の中に政府がある感がある、と『伝記ゲッベルス Joseph Goebbels. A biography』を書いた作家クルト・リースが述べた言葉にすべてが集約されているかのようである。

当初は著者のコレクション（加えて本書では著者の英国の長年の知人で元帝国戦争博物館の館員だったパヴェイ氏、およびマーレー氏より多数の写真提供を得た）である戦時中の宣伝雑誌シグナル、ヴェァマハト（国防軍）誌、空軍のアドラー誌、ポスター類、およびＰＫ（ペーカー）宣伝中隊が残した写真類を検証して、ゲッベルスの宣伝戦においてどのように使われたのかという執筆企画であった。

しかし、多くの資料を読み込むと、ヒトラーのナンバー・ツーは空軍を支配したヘルマン・ゲーリングや黒い制服の親衛隊を率いたハインリッヒ・ヒムラーではなく、実はヒトラー神話を造り出して国民を従属させたのはゲッベルスだという事実がよく見えてくる。一九八二年にゲッベルスの側近の一人だったルドルフ・ゼムラーが、自身の日記を『Goebbels the Man Next to Hitler（ヒトラーに次ぐ男）』として英国で発刊したが、まさにタイトル通りであった。（引用あるいは参考とした資料は巻末に掲載させていただいた）。

そして、ヒトラー、ナチ政権幹部、国防軍、また大衆もすべてゲッベルスの宣伝手段によって最後まで引っ張られたといっても過言ではないことを示している。それ故、ゲッベルスのアウトラインを追いつつも同時にどのような具体的宣伝方法をもって大衆を掌握したのかという接点において、著者の最初の意図との合体が可能となり本書を脱稿することができたといえるだろう。

したがって、本書では従来の史書ではあまり触れられていなかった、重要な宣伝ツールである新聞・雑誌、ポスター、映画、切手、芸術、およびゲッベルスが宣伝浸透で重要な役割を果たすとして、とくに注目した大衆に直接話かける放送についても取り上げてみた。

もう一つ、第二次大戦中に戦争を本国の家庭に持ち込む手段として用いられたものにPK（ペーカー）宣伝中隊がある。宣伝部隊は国防軍最高司令部の直属で最盛期には師団規模にまでなるが、ゲッベルスの宣伝省は兵士としても訓練された放送記者、映画カメラマン、写真カメラマンらを派遣した。基本的な組織は三個小隊からなる小ぶりな宣伝中隊であるが、陸海空軍と親衛隊（SS）に所属して放送録音、ニュース映画、写真などをベルリンの宣伝省へ送った。この組織は国防軍に軍事的な優先権があったが、ゲッベルスの宣伝政策上でも重要な役割を果たしたのでとくに一項目を設けた。このぐんと深みを有するPK宣伝中隊についてはまた別の機会にご紹介させていただこうと思う。

そのようなわけで、本書は過去の先達たちによる素晴らしいゲッベルス伝記を追うものではなく、ゲッベルスの宣伝手法にスポットを当て、筆者の英国の研究家たちの協力も得て二〇〇〇枚以上の写真とポスターを並掲することで、宣伝戦の再現を試みたことにご留意いただければ著者の目的は達せられるのである。

最後に潮書房光人社編集部の温かいご支援をいただき本書が刊行されることになり心より感謝申し上げたい。

二〇一五年五月三十一日　著者記す

謝辞
本書執筆に関して以下の方々にとくにご協力をいただきましたので紙面をもって感謝申し上げます。

Acknowledgement:
For assistance in the compilation of materials for this book, thanks are due to J. Pavey, R. Murray, H. Harison. But in particular the staff of the Imperial War Museum library and photographic library who always provide unflagging assistance to researchers.
Publisher & Author.

ゲッベルスとナチ宣伝戦——目次

国民啓蒙宣伝省組織図

国民啓蒙宣伝省（1942年）
(Reichsministerium für Volksaufklärung und Propaganda=RMVP)
大臣　ヨゼフ・ゲッベルス（1933.3.13～1945.4.30）
大臣　ヴェルナー・ナウマン（1945.4.30～1945.5.1）ヒトラー遺書による指令

第I次官（StaatssekretärI）
ヴァルター・フンク（1933～45）
オットー・ディートリッヒ（1937～45）

第II次官（StaatssekretärII）
カール・ハンケ（1937～40）
レオポルト・グッテラー（1940～44）
ヴェルナー・ナウマン（1944～45）

第III次官（StaatssekretärIII）
ヘルマン・エッサー（1935～45）

幹部職員：ハンス・フリッチェ（国内新聞局長→放送局長）
ハンス・ヒンケル（映画局、演劇局長）
オイゲン・ハダモウスキー（放送局長）

国内報道局
海外報道局
雑誌出版局

登録／予算局　映像局
人事局　国防局
法務局　演劇局
海外局　文学局
宣伝局　芸術局
放送局　音楽局

観光・旅行局

帝国文化院

（宣伝省の下に帝国文化院があり7評議会で構成し管理した）
総裁ヨゼフ・ゲッベルス（宣伝大臣）
副総裁ヴァルター・フンク（第I次官）

宣伝省		帝国文化院
映像局	→	映像評議会
音楽局	→	音楽評議会（退廃音楽の管理）
演劇局	→	演劇評議会
芸術局	→	芸術評議会（退廃芸術の管理）
文学局	→	文学評議会
放送局	→	放送評議会（ドイツ帝国放送協会を管理した）
国内報道局	→	報道評議会（新聞社、雑誌、出版社は参加を義務付けられ詳細な掲載内容が指示された）

この2枚の写真は西方のティアガルテン公園側からブランデンブルグ門越しに東側をほぼ同位置から撮影したベルリン中心部である。上写真は1930年代前半の撮影で下写真は廃墟となった1945年5月時である。中央はウンターデンリンデン通りで門の斜め右上の建物はアドロン・ホテルで、その角を右へ曲がればヴィルヘルムシュトラッセ（通り）で官庁が立ち並び宣伝省と総統官邸は道を挟んで対面していた（官庁街地図参照）。

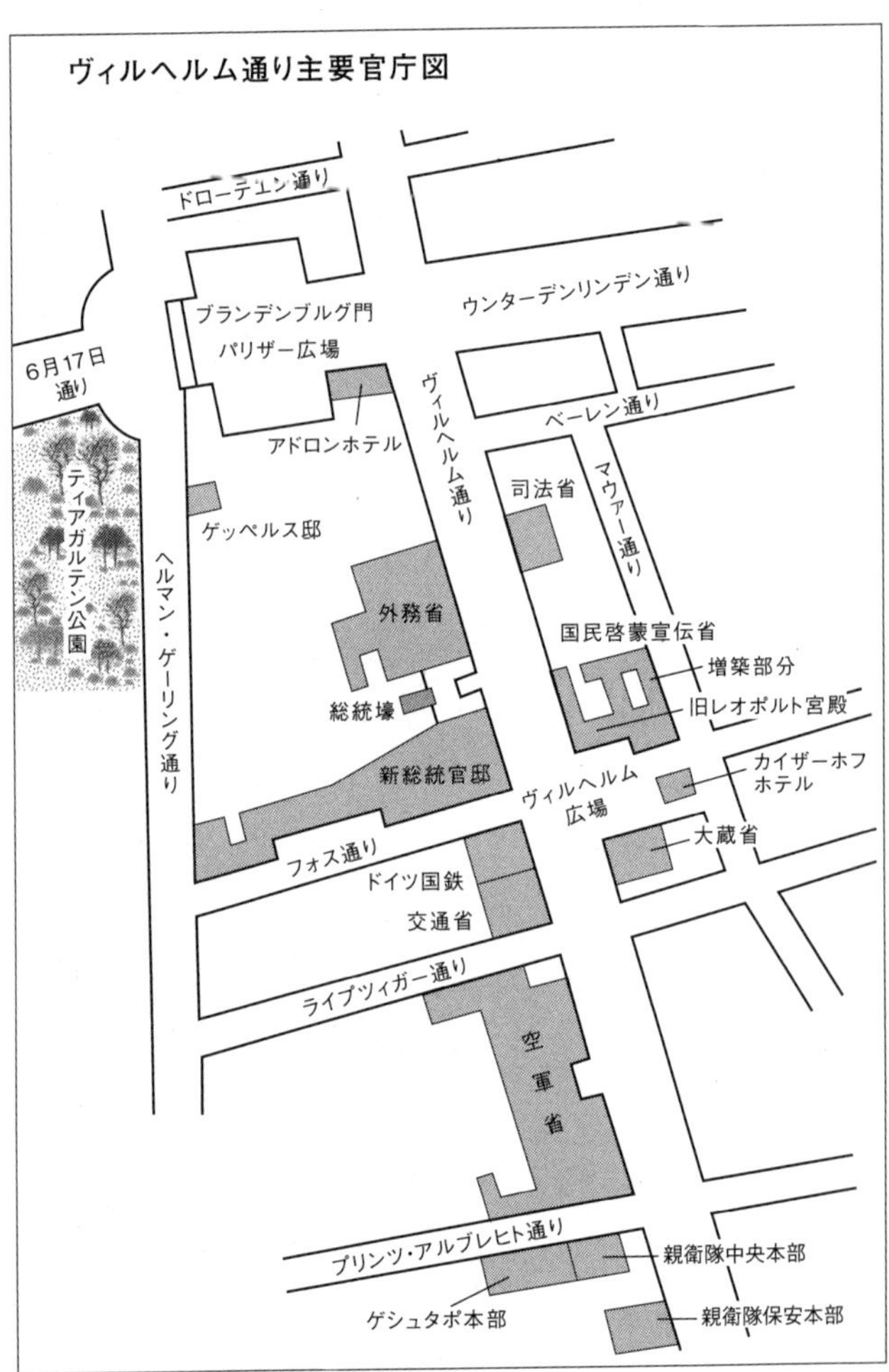
ヴィルヘルム通り主要官庁図
ドローテエン通り
ウンターデンリンデン通り
ブランデンブルグ門
パリザー広場
6月17日
通り
アドロンホテル
ヴィルヘルム通り
ベーレン通り
ティアガルテン公園
ゲッペルス邸
司法省
マウアー通り
ヘルマン・ゲーリング通り
外務省
国民啓蒙宣伝省
増築部分
総統壕
旧レオポルト宮殿
新総統官邸
ヴィルヘルム
広場
カイザーホフ
ホテル
大蔵省
フォス通り
ドイツ国鉄
交通省
ライプツィガー通り
空
軍
省
プリンツ・アルブレヒト通り
親衛隊中央本部
ゲシュタポ本部
親衛隊保安本部

ゲッベルスとナチ宣伝戦

——一般市民を扇動する恐るべき野望

第１章　多感な時代

パウル・ヨゼフ・ゲッベルスは一八九七年（明治三十年）十一月二十九日にプロイセン・ドイツ北西部に広がるルール工業地帯で、北ライン河畔に近い大都市デュッセルドルフの南方にある、人口三万四〇〇〇人の織物工業が盛んなライトの町で生まれた。

ゲッベルス家の父方の祖父は大工のコンラート・ゲッベルスでその妻マルガレーテは農家の出身である。また、母方の祖父はオランダ人鍛冶屋のミハエル・オーデンハウゼンといい、その妻のヨハンナ・マリアは職工だった。

父のフリードリッヒ・ゲッベルス（一八六七〜一九二九年）はライトの町にある小規模な織物工場の会計事務職を務めて支配人にまで出世していたが、中産階級に属する家庭は決して裕福とはいえない暮らしぶりだった。母のマリア・カタリーナ（旧姓、オーデンハウゼン）・ゲッベルス（一八六九〜一九五三年）は六人の子供を産んだ。長男は一八九三年生まれのハンス、次男は一八九五年生まれのコンラートである。翌一八九六年に生まれた長女マリ

「ヒトラーに次ぐ男」と呼ばれた絶頂期のヨゼフ・ゲッベルス。

アは同年に死去した。そして、三男が一八九七年生まれのパウル・ヨゼフ・ゲッベルスで、のちにナチ政権の国民啓蒙宣伝大臣として辣腕を振るったが、母のマリア・カタリーナがオランダ人の娘であることは厳重に秘されることになった。また、一九〇一年生まれのエリザベートは一五歳で早逝して、最後に三女となる末妹のマリア（早逝した長女と同名）はヨゼフ・ゲッベルスが生まれてから一三年後の一九一〇年になって誕生している。

長兄ハンスは一九二九年十一月にナチ党に入り党員番号は１６０４４９で、一九三一年には突撃隊（ＳＡ）に加入して一九三六年に突撃隊大佐となった。一九三一年からナチ党地区宣伝指導者、ナチ党地方宣伝指導者、ナチ党地方裁定裁判所会長などを務めたが、一九四五年五月のドイツ降伏により米軍に拘束されてフランス軍へ移管抑留中の一九四七年に死去した。

次兄のコンラートは一九二八年十二月にナチ党に入ってデュッセルドルフ管区指導者をしていたが、褐色服で知られる突撃隊（ＳＡ）予備隊員でもあった。一方でフェルキッシャー・ヴェルラグ出版社の支配人、フランクフルター・ヴォルクスブラット、ライン・マイン・

◁ゲッベルスの父フリードリッヒ・ゲッベルス。▷母マリア・カタリーナ・ゲッベルス。

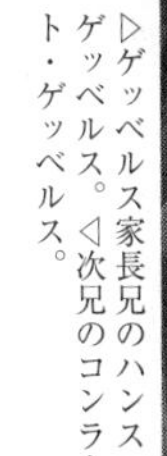
▷ゲッベルス家長兄のハンス・ゲッベルス。◁次兄のコンラート・ゲッベルス。

末妹マリアの結婚式。前列右端母マリア、３人目キミッシュ、妹マリア、ゲッベルス。

ツァイトングといった出版関係会社の責任者を務めた。末妹のマリアは一九三八年に著名な映画製作者のマックス・キミッシュ（一九八〇年没）とウルムで結婚したが一九四九年に死去している。

さて、ヨゼフ・ゲッベルスの両親と家族は伝統的なローマ・カトリック（ローマ教皇を認めない分派としてプロテスタントがある）の敬虔な信者で、一家はライトの町のプリンツオイゲン街（のちにパウル・ヨゼフ・ゲッベルス街と呼ばれた）の二階建ての家に居住していた。ヨゼフ・ゲッベルス（以降はゲッベルス）はごく普通の子供として穏やかで暖かい家庭に育ったが、七歳のときに小児麻痺にかかり左腿を手術しなければならなくなり、回復した時は左脚が右脚よりも五センチ以上も短くか細くなってしまった。医者は母親に対して「終生歩行には専用の杖と特別製の靴が必要になる」と申し渡した。このために、ゲッベルスは生涯足を引きずって歩くことになり、のちに権勢の座を射止めるまでナチ党時代の競争相手から、このことを突かれることになるのである。

例えば、ナチ党でヒトラーに次ぐ地位にあったグレゴール・シュトラッサーは、「彼の足はユダヤ人の血が流れている証拠である」と述べたし、同じくナチ党幹部の一人エーリッヒ・コッホは、一八世紀のフランス史上で傑出した隻脚の政治家・外務大臣で裏切り者、無節操、手練れといわれた老獪な外交官のシャルル・モーリス・タレーランになぞらえて、ゲッベルスも同様に人を裏切る人物だと語った。また、第一次大戦時にバイエルン第一六予備歩兵連隊でヒトラーと一緒だった関係で、その後ナチ党の御用出版社を経営してヒトラーの

『わが闘争（マインカンプ）』を出版してのちに親衛隊大将になるマックス・アマンは、ゲッベルスを一六世紀ドイツの降霊術師ゲオルグ・ファウストが自らの魂と引き替えに呼び出した、ドイツの伝説的悪魔であるメフィストフェレスと同じであると周囲に述べていた。

このような身体的な理由により、ゲッベルスは兄弟や周囲の同級生らとは打ち解けぬ孤独な少年時代を過ごした。身長は一六五センチと小柄で片足が不自由だという引け目があったが、頭脳では絶対に負けぬと相手に論争を仕掛けて言い負かすとか、口を突いて出る意地の悪い皮肉と悪口は子供たちをはじめとして周囲の大人からも極めて評判が悪かった。ゲッベルスは大人たちが示す「気の毒に」とか「かわいそうに」といった憐憫をかけられるのを極度に嫌って逃げ出し、周囲の眼から身を隠した。

このころのゲッベルスは屋根裏部屋へ籠って読書に明け暮れたが、この時代に読み込んだマイヤー百科事典（Meyers Konversations Lexikon）から吸収した知識はそれからのゲッベルスを支える糧となった。実際、一九〇八年に中学・高校の大学進学目的の九年制一貫教育学校ギムナジウムへ入ったが成績は優秀であり、一九一七年の卒業時にはトップ・クラスとなり大学進学への道が開けていたが、学校では相変わらず同級生は勿論のこと教師からも嫌われていた。

このような孤独な少年が唯一人愛して偶像化したのは、深い信仰からくる私心のない素朴さを有する母マリアであった。母はゲッベルスの身体は神のみ心によるものだと納得していたが、一方で彼の頭脳は他の者よりもずっと優れていると信じていた。そしてギムナジウム卒業の二年前に古典ギリシャ語を学ぶゲッベルスを見て、母は聖職者の道へ進ませようと司祭に面談を依頼した。司祭はゲッベルスがなかなかの才物であることを感じ取ってはいたが、眼前の少年はすべてに懐疑的であり宗教の高邁な教義を信じようとはしなかった。それゆえに、司祭はこの少年は聖職者にはなれないと見抜いたものの、母の依頼により二年間の奨学金を提供することを約束し、ゲッベルスはアルベルト・マグヌス協会の奨学金を得て大学へ進学するのである。

ゲッベルスが一七歳の時、つまり一九一四年八月一日に欧州で第一次世界大戦が勃発した。ライトの町でもカイザー（皇帝）率いるプロイセン軍の初期の連戦連勝によりドイツ中は沸き立った。一六歳から一七歳までの青少年の多くが徴募事務所を訪ねて兵士を志願すると、ゲッベルスもまた熱に浮かされたように足をひきずりながら兵役を志願した。だが、合格するはずもなく多感なゲッベルス少年は家に戻ると部屋に籠って泣き通した。一方、兄のハンスとコンラートは従軍して西部戦線で戦闘に参加するが、ハンスは一九一六年にフランス軍の捕虜になっている。

やがて、ゲッベルスは一九一七年に大学へと進むが、以後の五年間にボン大学、フライブルグ大学、ハイデルベルグ大学、ヴュルツブルグ大学、そしてまたハイデルベルグ大学へ戻り、ミュンヘン大学、再びハイデルベルグ大学といった具合に転々として一九二二年に卒業している。大学では哲学、歴史、文学、美術史を次々と専攻するが、後世の史家で『ヨゼフ・ゲッベルスの生と死』を書いたトビー・サッカーは、この大学巡りのことを「ゲッベルスの持ち前の逃避と移り気」のせいだと評している。

四年間も続いた第一次大戦が終了した一九一八年の末にゲッベルスは二一歳になっていたが、ドイツ国内には革命の嵐が吹き荒れて、カイザー（ヴィルヘルム二世）はオランダへ亡命してしまい戦争の英雄は偶像の座から転落していた。国内の大学は政治運動の場となり生徒たちは国家主義、帝制復古、共産主義などに分裂した。混乱したプロイセン・ドイツは一九一九年八月にワイマール共和国に生まれ代わったが、四年間の戦争の犠牲が大きく指導者は無策であり、凄まじいインフレとともに大半の国民の預金や財産は無価値となり人々は無一文になっていた。ゲッベルスもまた着たきり雀のどん底生活の中であえいでおり、母が必死で仕送りしてくれたわずかな金額ではどうにもならなかった。

1910年、13歳のゲッベルス（右）。幼少時の残る写真は極めて少ない。

このころのゲッベルスは多くの学生たちが政治運動に身を投じる渦中にあっても、「政治には関心がない」と断言していた。そして、今度はハイデルベルグ大学で文学に興味を示し、ドイツ・ロマン派（一八～一九世紀前期の欧州で感性や主観を主体とした恋愛や民族意識の高揚を特徴とする一種の精神運動）の研究をするために、ゲーテやシェイクスピアに関する研究や著書がある大物文学教授のフリードリッヒ・グンドルフに師事した。このグンドルフは大詩人シュテファン・ゲオルゲの流れを汲むゲオルゲ派を率いていたが、集まった人々は政治よりも「華美な詩」にのめり込んだインテリたちである。

グンドルフはゲッベルスの優れた素質を認めはしたがゲオルゲ派への入会を拒否した。一方でゲッベルスはグンドルフ教授の講義に出席しつつ担任教授のマックス・フォン・ヴァルトベルグの指導で一九二二年に博士論文を書いたが、グンドルフ教授はユダヤ人でありヴァルトベルグ教授もまたユダヤ人の血をひいていた。こうしたことからゲッベルスはユダヤ人に関心を持つことになり後年は狂信的なユダヤ人排斥主義者となったが、彼の若き時代に影響を与えた出来事として興味ある部分である。

のちにナチ政権下で権勢を得たゲッベルスはハイデルベルグ大学から自分の博士論文を持ち出すと模様変えをした。その博士論文のベースになったのは一八〇〇年代のロマンチック作家であるヴィルヘルム・フォン・シュッツによる「ロマン派戯曲史への寄与」であったが、己れの伝記の中では「ロマン派の政治的精神の流れ」と変えて、自らの文学研究の中に精神的政治活動があったことにしたのである。

ところで、ゲッベルスも若き青年の一人としてフライブルグ大学時代に恋愛を経験しているが、ゲッベルス自身は生涯で三度の本当の恋愛を経験したとしている。最初の女性はゲッベルスの日記にも登場する母親がユダヤ人だったエルゼ・ヤーンケである。ヤーンケはゲッベルスの故郷ライトの町のユダヤ人学校の教師だったが、最近の歴史家の研究では一九二二年八月から一九二六年まで恋愛関係は続いたとされている。

ゲッベルスの日記には「我々の関係は静かな精神的な愛である。彼女が我々の関係を表に出すことを望まないとする理由が私には分からない」としているが、「ある時、彼女はナチ主義の影響から私の母がユダヤ人であるからだと決定的な理由を語ったが、それ以来、彼女の魅力は破壊された」とも述べている。恋愛時代のゲッベルスはユダヤ人排斥主義についてはまだ批判的であったことは留意すべき点であろう。また、この恋愛についてエルゼ・ヤーンケからゲッベルスに宛てた鉛筆書きの未送の書簡やゲッベルスからヤーンケへ送った数通の手紙も存在している。だが、ユダヤ人排斥運動により二人の関係は希薄になり、一九二六年十月にゲッベルスがベルリンのガウライター（大管区長）になった時をもって終了したようである。そして、その後のヤーンケの詳細は不明だが、同名の女性が一九五六年にブレーマーハーフェン港から船で米国へ到着した記録を今日に伝えている。

1916年、多感な19歳のゲッベルス青年（中央）。

一方、第二次大戦後三年ほどして出版されたクルト・リースによる『ゲッベルス伝』によれば、最初の恋愛対象の女性の名はハイデルベルグ大学時代のアンカ・ヘルホルンという女性で交際は四ヵ月をもって終わりを迎えたとしている。そして、アンカは結婚したもののやがて離婚するが、ゲッベルスが宣伝大臣となった翌年の一九三四年には彼女に職を紹介したりしたことが述べられている。

いずれにしても、エルゼ・ヤーンケはゲッベルスにとって一九三一年にマクダレナ（別項で詳述）と結婚するまでの恋愛相手であった。結局、ゲッベルスは二〇年間に多くの女性たちと浮き名を流すことになるが、つねに自分に対する相手の隠された動機を疑って恋愛に幻滅することを繰り返していた。

他方、ゲッベルスはフライブルグ大学時代に知り合った共産主義者のリヒャルト・フリスゲスという第一次大戦の激戦で負傷した元兵士と友人になった。フリスゲスは戦場における勇敢で英雄的な行動を語り、一方でカイザーと帝国主義を憎み、加えて、今のワイマール共和国の指導者や社会主義者をも激しく非難した。そして、ゲッベルスに資本論で知られるカール・マルクスや、一九世紀の経済学者フリードリッヒ・エンゲルス、ロシアの思想家・小説家であるフョードル・ドストエフスキーらの著書を貸して読ませたのである。

また、ゲッベルスはドイツの資本家・政治家で軍国主義を軽蔑する、ワイマール共和国外務大臣のヴァルター・ラテナウの著書にも強い印象を受けていた。一方でゲッベルスは当時二五万部を発刊していたドイツの自由主義的（リベラル）日刊紙で一八七二年創刊（一九三九年廃刊）の由緒あるベルリーナー・ターゲブラット紙に「社会主義化」や「キリスト教と社会主義」といったようなテーマで数十通の投稿をしているが、編集長だったテオドール・ヴォルフは一度も掲載しなかった。この外務大臣ラテナウもヴォルフもともにユダヤ人であった。

大学内では社会変革をめざす左翼学生と反革命的反動学生の対立があったが、フリスゲスには明快な信条があり、それを羨ましいと感じたほど当時のゲッベルスの心は空白だったのである。しかし、ゲッベルスはフリスゲスが信奉する共産主義はドイツに対する憎しみの裏返しであるということに気がついて、その後彼からは離れていった。このフリスゲスは一九二三年の夏に鉱山での事故により死去している。

このころ大学では反ユダヤ主義が燃え始め、しだいに拡散していた。第一次大戦のドイツの敗北に始まる様々な事象の原因や責任を、具体的な証拠もないのにユダヤ人に押し付けることが一つの流行となり――ドイツ人はドイツ人でない者より優れている。であるから、ユダヤ人はドイツ人ではないと解された。

ここで、ゲッベルスはあれほど尊崇の念をもって接近しながらも、受け入れて貰えなかったユダヤ人教授らに対して優越感を得ることができたのである。そして、自分の身体と嫌な思い出ばかりの家族と故郷、加えて自分を迎えてくれなかった高い社会的地位を持つユダヤ人たちと絶縁した。こうしてゲッベルスは何をなすべきか信念の持てない空虚な自分からも逃避して、それまでの憧れや漠然とした人生目的というものを棄てたといえる。

この生き方はドイツの将来のためという高邁な信念からくる純粋な愛国主義ではなかった。それは、ゲッベルスという人間が存在する間にドイツは歴史的な何かをなさなくてはならず、その何かのために自分と行動を共にする人々を求めることだった。ゲッベルスの国家主義はドイツ人が他国民より優れているならば他は征服されるか排除されるべきであるというもので、戦争によってのみドイツ人の優越性が示されるだろうという一種の戦争待望論でもあった。

第2章　ヒトラーとの出会い

　ゲッベルスは一九二二年にケルンのドレスナー銀行に就職するが、わずか九ヵ月で解雇され、ドイツ経済は大インフレの惨状下にあり貧困と無希望から反資本主義に関心が移り、金融支配がユダヤ人によるものだという妄想的感覚から反ユダヤ主義へ転じた。

　このころ、ゲッベルスはフリッツ・プランクという政治活動家に誘われて政治集会に参加すると、やがて自らも演説をするようになった。この当時、バイエルンにあるドイツ三番目の大都市ミュンヘンは国家主義者たちの幾つもの「党」がひしめく中心地であり、反共産主義を看板にする非合法のドイツ自由軍団（フライコール）や、第一次大戦後に発足したばかりのワイマール共和国に反対する結社も多くあった。ゲッベルスもどちらかといえば「しがみつく」と表現されるような思いを抱いてミュンヘンへやってきて地下組織と接触していた。

そうした中で一九二二年六月にワイマール共和国外務大臣のラテナウが暗殺されたが、襲撃者の中にはゲッベルスの仲間もいた。

ヒトラーの演説はゲッベルスには天の啓示のようだった。

それから数日後にゲッベルスの人生にとって最大の出来事が起こった。ゲッベルスはミュンヘン最大のクローネ・サーカスで七〇〇〇人を集めたある演説集会に参加したが、主役の演説者はアドルフ・ヒトラーであった。壇上のヒトラーの演説は怒号に終始して疑問や反対を許さず、まるで命令であった。だが、ゲッベルスにはこれはまさに天からの声に聴こえるところとなり、これまで自分が追い求めてきた指導者像をヒトラーという人物に見たのである。

一九七二年に『伝記・ゲッベルス』を書いたヘイバー・ヘルムートは「ゲッベルスという優れた頭脳の持ち主であればこそ、長年無意識に求めていたものをヒトラーに見出した。しかし、それは、自分自身からの逃避に過ぎなかったのである」と述べている。またゲッベルス自身が一九二八年十一月中旬に書いた文章によれば、「ヒトラーには疑念がなく自らの演説を信じるという熱狂的な信念こそが力の秘密である。そして、この人物の無条件で自分の言葉を信ずるところは危険である」としている。

ゲッベルスは善悪、道徳、倫理・規範といったものに真偽は存在しないという、一種の虚無主義（ニヒリズム）の中にある自分を救ってくれる指導的人物としてヒトラーを仰ぎ見たのだった。この衝撃的な出会いによって、ゲッベルスはすぐに国家社会主義ドイツ労働者党（NSDAP）に入党して党員番号8762を得たのだった。

△1919年の騒然たるラインラントを行く自由軍団の隊員たち。▽過激分子アルベルト・レオ・シュラゲッター。ゲッベルスは彼を歪んだ愛国伝説者に仕立てた。

一九二三年一月にフランスは「ドイツは第一次大戦の結果であるヴェルサイユ条約を履行しない」という理由により工業地帯のルールを占領した。受動的抵抗と経済界の損害、そして貨幣の乱発による超インフレが発生して、占領フランス軍による暴行や略奪に対抗すべく自由軍団（フライコール）が抵抗運動を行なった。このころ、ゲッベルスはライトの家にもどっていたが、ルール事件を知ると母からいくらかの金を貰って占領下にあるエルベルフェルト（現在のバルメンエルベルフェルト）へ行った。

このとき、アルベルト・レオ・シュラゲッターという過激分子がいて、鉄道線路を爆破して交通を混乱させたがフランス軍に逮捕された。このシュラゲッターがフランス軍の取り調べに対してクルップ財閥のトップであるグスタフ・クルップに代表されるさまざまな金銭的支援者の名を自白したことが原因となりワイマール共和国政府は解散されて、新内閣の成立により「ルールの闘争」は中止を命じられた。自白により量刑を軽くしようとしたがシュラゲッターは結局、この年の五月にフランス軍により銃殺された。それでも財界からの支援金の流れは続いて、ゲッベルスを含む多くの運動家や組織に報酬として支払われていた。そうではあったが、ゲッベルス自身が関与したのはフランスの占領地ラインラントのビァホールで弁舌巧みに学生を勧誘して細胞を組織することだけだった。

このルール闘争を通じてゲッベルスは足の不自由さゆえに迅速に行動することができないということを改めて思い知らされる結果になったが、他の人々のことを語るという方向性、すなわち扇動家・宣伝主義者への道へ進むことになるのである。ゲッベルスはフランスへ同志を売ったシュラゲッターについて、「私心のない愛国者」「死を選択した英雄」という偶像を造り出すと、つぎつぎと演説集会を訪れては歪められた伝説に彩られたシュラゲッター物語を情熱と感動をもたらすように聴衆に語りかけたが、それはまるで自分自身を納得させせようとするかのようであった。

おまけにゲッベルスは、「私は密告によってフランス官憲にナチ党支部から連行されたのちに酷く殴られ、占領地区から追放され、その後遺症のために足が不自由になった」と嘘で固められた演説を行なった。挙句に演説場所によっては連行者がフランス兵やベルギー兵に変わったりする与太話は古い幹部党員はまったく信用しなかったが、ゲッベルスはそんなことには頓着しなかった。こうして二六歳になったゲッベルスは、少しは名が売れたいっぱしの地下運動家になっていた。

▷ゲッベルスの戯曲と自伝小説風の『ミヒェル』。◁扇動家の道を歩みだしたヨゼフ・ゲッベルス。

しかし、一九二三年のドイツは未曾有の失業者の群れと食糧難に襲われていて、ゲッベルスはナチ党の党員獲得や党勢力の拡大という政治活動には役立っていたが、演説活動とささやかな収入では生活してゆくことができなかった。ゲッベルスがこの時期に書いたのが戯曲と自伝小説風の『ミヒェル』だが、出版は六年後の一九二九年であり宣伝大臣になってからベストセラーの一つとなった。ゲッベルスは簡潔な表現（アフォリズム）を求めたにもかかわらず、優れた作家からすれば内容が陳腐で意味が良く分からない詩や散文だらけであると評された。

一九二三年一月九日にヒトラーたちの企てた、いわゆるミュンヘン一揆（プッチ）が起こって世間の目を引いたが、機が熟さずに失敗して、ヒトラーたち幹部は逮捕の上裁判にかけられて有罪となりランズベルク城に拘禁された。しかし、ゲッベルスはこのナチ党の「歴史的行動」には参加していなかった。ヒトラーは裁判で「攻撃は最大の防御」という諺を実演して見せ、長口舌を振るったので数百万の大衆がヒトラーとナチ党について知るところとなり、ゲッベルスは「宣伝」の効果と価値に驚いたのだった。

1923年のミュンヘン一揆時のヒトラー（左から２人目）とアルフレート・ローゼンベルグ（左）。

このとき、ヒトラーに宛てた称賛の手紙の中で「ビスマルク宰相以降のドイツにおいて総統の演説は最高にして偉大な言葉であります……いつか、ドイツ人のすべてが総統に感謝するでありましょう」と純粋な感情を吐露していた。ゲッベルスはそれから二年後の一九二五年になってこの手紙の写しを公表して、単にヒトラーに対する崇拝だけに終わらせることとなく、抜け目なく巧みに宣伝に利用した。これは、ヒトラーにもゲッベルスにも大きな宣伝的効果をもたらすことになり、ここに宣伝主義者（プロパガンディスト）ゲッベルスが覚醒したのである。

ドイツ国立銀行のシャルマール・シャハト総裁が指導する通貨運用によりドイツ経済が好転し始めて、第一次大戦末期の参謀総長だった老雄パウル・フォン・ヒンデンブルグ元帥が大統領となった。他方、ナチ党の勢力は低下して一九二四年十二月の総選挙では九議席獲得のみとふるわなかった。ゲッベルスも工業地区ルール地方のエルベルフェルトのドイツ民族自由党の国家主義分派の、フリードリッヒ・ヴィガースハウスというプロイセン州議員事務所の秘書となり、「民族自由＝Völkische Freiheit」という週刊新聞の編集を任された他に党のための演説を行なったが、報酬は一日あたりたった一〇〇マルクだった。

一方、グレゴール・シュトラッサーはナチ党でヒトラーに次ぐ大物で、民族主義、反資本主義、急進運動の強い信奉者であるが、あるとき、彼がゲッベルスの演説を聴きに来ていた。ゲッベルスは自分の仕事柄、演説でナチ党をけなしたがシュトラッサーは怒らずに「君は優れた演説者だ。いつか、一緒に仕事ができると思う」と語りかけた。

このころ、ゲッベルスはエルベルフェルトの義勇軍「エァハルト旅団」の中心的な人物であるナチ党のカール・カウフマンと知り合ってのめり込み、ヴィガースハウスの「民族自由」新聞を解雇された。

第3章　扇動家の誕生

一九二四年十二月二十四日にヒトラーはランズベルク城から放免されると翌一九二五年二月に再び総統に帰り咲き、シュトラッサーは弟のオットー・シュトラッサーとともにナチ党関連の出版物を扱う「戦う出版社（カンプ・ヴェルラグ）」を設立した。そして、ゲッベルスを日給二〇〇マルクで雇い、自分の秘書のほかにラインラント北部大管区事務長にしたが、本当の仕事は演説と集会を組織することだった。

このころになるとゲッベルスは確かな演説のこつと、当意即妙な才能により強烈な個性を発散する扇動家になっていた。ゲッベルスは「スローガンは新しくなくてもよい、反復することで決定的な効果を挙げられる」「新聞は数十万部が毎日読まれているという理由だけで記事が効果的だとするのは間違いである。これに比べて、たとえ一〇〇〇人に話しかける演説であっても話し言葉には強い影響力があり、聴いた者から拡散される幾百回の言葉の方がはるかに効果的である」とし、「革命は分筆家によってではなく演説者により行なわれる。

▷グレゴール・シュトラッサー（兄）。◁オットー・シュトラッサー（弟）。ヒトラーに次ぐグレゴール・シュトラッサーは弟のオットーと出版社「カンプ・ヴェルラグ」を設立してナチ・イデオロギーを代弁した。

つまり、直接に人同士が接触することが宣伝の核心なのだ」と語った。

シュトラッサー兄弟とゲッベルスは一九二五年十月二十五日に「民族社会主義報（ナチオナル・ゾツィアリスティッシュ・ブリーフェ）」というドイツ西北部大管区の機関紙を発刊したが、将来、ナチ・イデオロギーの代弁紙とすることが目標だった。とはいえ、ゲッベルスの紙上論調は急進的なシュトラッサーの影響により共産主義に似た部分があり、ミュンヘンでナチ党機関紙フェルキッシャー・ベオバハターを発行するマックス・アマンと、編集者でナチ党の理論家であるアルフレート・ローゼンベルグらはそうしたゲッベルスに疑いを持った。というのも、ゲッベルスはレーニンかヒトラーかという比較論の展開において、ソビエト寄りの論調を基軸にしながら最終的にはヒトラーが優れていると結論を出すが、その論の過程においてはレーニンを称賛していたからである。

一九二五年、ゲッベルスが二八歳のころ、ヒトラーへの傾倒は信仰的ともいえるほどだっ

▷ナチ党機関紙フェルキッシャー・ベオバハター紙を発行したマックス・アマン。◁フェルキッシャー・ベオバハター紙の編集長だったＡ・ローゼンベルグでのちの党理論家。

た。その年の秋から一九二六年初期にかけて社会民主党と共産党は、いまなお大きな土地と財産を所有する旧皇帝一族らから資産を没収する意図を持った国民投票を議論していたが、シュトラッサーとゲッベルスは賛成派に回った。しかし、ミュンヘンのヒトラーは旧皇帝一族らからかなりの政治資金を獲得していたほかに、資本家たちからも資金的協力を得ていたために、共産勢力との協調路線を推進するわけにはいかず、結局、のらりくらりと態度を明確化させなかった。

これが発端となってシュトラッサーとゲッベルス対ヒトラー派の内部対立が起こり、反ヒトラー騒動ともいうべき事態が発生した。ゲッベルスもヒトラーの社会主義的原則から逸脱した小ブルジョワ（マルクス主義でいうブルジョワとプロレタリアの間にあるブルジョワ風意識を持つ中産階級）的生き方は許せなかったのである。

ナチ党の北部と南部の対立の後の一九二六年二月十二日に、ヒトラーはバイエルンの町バンベルグでナチ党の会議を招集した。ヒトラーたちはミュヘン一揆を企てた聖地ビュルガーブロイケラー（ビァホール）で演説することになったが、ヒトラーは方針で対立するゲッベルスをこの日の主役として用いようとした。ヒトラーは新型の送迎車、流行の服、高級ホテル、ナチ党の聖地ビァホールを埋める人々の熱狂という演出がゲッベルスたちに与える影響を計算し尽くしていた。そして、ヒトラーはまるで演説をするかのようにゲッベルスに語りかけると、再び、ゲッベルスは「私は天才的政治家ヒトラーの偉大さに敬服する」と述べて軍門に下った。

ヒトラーはすでに第一次世界大戦以前に宣伝およびその効果に気づき、初期論説の中でオーストリア人のマルクス主義者を指して「誰かが、大衆を喜ばせる術を知っている」と述べているし、続く第一次大戦に従軍したヒトラー伍長はドイツの中央政権に対する英国の宣伝効果も見ていた。のちになってヒトラーは英国のノースクリフ・プレス（デーリー・メール、デーリー・ミラー、ザ・タイムスの総称を経営者のアルフレッド・ノースクリフ卿に因んでノースクリフ・プレスと呼ぶ）に掲載された、社主ノースクリフ卿の書いた「ドイツ人に対する心理的攻撃は砲撃と同じくらい重要な影響を与えた」「宣伝の狙いは啓蒙によりドイツ将兵に絶望感を植え付けて、任務を放棄させる精神状態を作り出すことであった」という論説

▷ヒトラーの書『マインカンプ（わが闘争）』では宣伝についても述べられている。◁第一次世界大戦時、ババリア狙撃兵連隊時代のA・ヒトラー（左端）。

を読んだ。ヒトラーはこの論説を納得して「我々が宣伝できなかったことを彼らは熟考して素晴らしく巧妙な手法で実行した」と述べている。

また、第一次大戦終了時に軍事宣伝の一部をヒトラーがなしたことは重要なポイントである。ヒトラーが所属した第一ババリア狙撃兵連隊の士官は雄弁なヒトラー伍長が語る国家主義が、マルクス主義と革命に染まって士気の落ちた兵士たちを鼓舞するのに有効だろうと考えた。その結果、ヒトラーは連隊政治教育担当官となった。

ヒトラーはこの役割を成功裏に終わらせたが、それから数年後に刊行した著名なヒトラーの著書『マインカンプ（わが闘争）』の中で宣伝について二章を割いて考察し、「大衆精神は弱くて受容力がなく、強い力に対しては女性のような感情的憧れという抽象的な理由が重要な役割を果たすのである」と書いた。

ヒトラーは友人であるヘルマン・ラウシュニッグ（この人物はヒトラーの信頼するナチ政治家で宣伝の一端を担ったが、のちに、第三帝国体制を批判して一九三五年にスイスを経て米国で農業に従事した）にこう語った。

「君は群衆が路上における喧嘩騒ぎを見ようと集まったのを見たことがあるだろう。人々は野蛮さと肉体的な強さに対して畏敬を払うものである。つまり、大衆には恐怖のスリルを与える何かが必要なのだ」

ヒトラーはこの考えに沿った理論、手段をそれからの一五年間に実行したが、それは人の知性ではなく感情に訴える宣伝が前提だった。ヒトラーは「宣伝は単純化された幾つかの課題に絞って右か左かを選択することに集中し、特定の人々、すなわち、知識人や上流階層を対象にするのではなく、大衆を魅了することに本質がある」と語り、ナチ党の御用新聞フェルキッシャー・ベオバハター（人民観測者の意）をもって一九二五年に初めてこの理論を実行に移した。

その内容はリベラルな中産市民階層や学術的議論は含まれず、やたらに長い散漫な記事ばかりであり、共産主義を敵視してボルシェビズム（過激主義）の害悪を流し、連合国によるヴェルサイユ条約の押し付けを非難し、ユダヤ人を攻撃し、ワイマール共和国体制の弱体を突き、代わりにチュートン人の崇高さを説き、独裁的なヒトラーを賛美するスローガン「アイン・ヴォルク、アイン・フューラー、アイン・ライヒ」（一つの民族、一人の総統、一つの国家）が声高に語られた。

ここで、ゲッベルスは「ヒトラーは宣伝の天才でナチ党の成功はその宣伝的才能にかかっている」とさえ考えた。実際にヒトラーの書いた『わが闘争』の中で宣伝と組織、ポスター、市民動員についての記述をゲッベルスもすでに読んでいた。そして、ゲッベルスはこのような宣伝手法についての理論とは別にヒトラーの固有感覚という部分に強く惹かれていた。ヒトラーは党組織の中核は「宣伝部長」であると唱えていて、自らこの役割を果たしていたが誰かに代わらせたいと考え、一方でゲッベルスもまた党の宣伝部長には大きな関心を示していた。一九二六年中にヒトラーはゲッベルスとの親密な交流を演出して心を獲得し、ゲッベルスも再びヒトラーを信じようと渇望していた。

1930年のスローガン「一つの民族、一人の総統、一つのヤー（そうだ）」で1945年まで使われた。

だが、反対にゲッベルスとグレゴール・シュトラッサーとの仲はしだいに冷めていったのである。

一九二六年七月にカイザー（皇帝）一族の資産没収のための国民投票が実施されて法案が成立した。だが、ナチ党は反対に回り、経済と工業界は共産主義の脅威から自らを護るためにナチ党とヒトラーに接近して資金を提供した。ドイツは対外借款を成立させてようやく経済が信用を取りもどし始め、外貨も投資されるようになり社会状況はしだいに回復に向かっていた。

一九二六年十月中旬にヒトラーは懐柔的意図をもって対立者であるシュトラッサーを党宣伝部長に起用したためにゲッベルスは落胆した。ところが、ヒトラーは狡猾にもゲッベルスへの手を打ってベルリンのガウライター（大管区長でナチ党の行政区分）に任命したのである。

第4章　ベルリン大管区長時代

　首都ベルリンは分裂して混乱しており、なかでも褐色シャツの突撃隊（SA）はゆすりとたかりの無頼漢集団で、指導者はもと自由軍団（フライコール）リーダーのハインツ・ハウエンシュタインとベルリン突撃隊長のクルト・ダリューゲだった。このような大都会ベルリンへゲッベルスは数着の服とわずかな身の回り品を携行して、三等車に揺られて孤独と不安に怯えながら一九二六年十一月にやってきた。

　ベルリンのポツダム街にある貧弱なビルの地下にある、雑然とした大管区事務所には失業党員たちがたむろしており、党員数は一〇〇〇人を数えたが会費を納める者もなく金庫は常に空っぽで借金ばかりであった。ここでゲッベルスは党員の四〇パーセントを除名して六〇〇名だけを残したが、ベルリン突撃隊長クルト・ダリューゲ（のちの親衛隊大将でチェコスロバキアのベーメン・メーレン［ボヘミア／モラビア］保護領総督）はナチ党の活動を護るために残してあった。そして、ゲッベルスは党員たちに「我々は六年後に党員を六〇万人にす

突撃隊（SA）は1923年にミュンヘンで初めて褐色の軍服を着て、一般民衆の前に現われた。

る！」と誓ったが、事実それ以上の勢力を獲得することになった。

ゲッベルスは大都会でほとんど無視されているナチ党の党勢拡大と宣伝および広報に携わらねばならなかった。ヒトラーは自著『わが闘争（マインカンプ）』の中で「宣伝によって追随者を惹き付けておきつつ組織は党員を獲得する……追随者を増加するために宣伝における理念を考慮する……獲得した追随者の中から厳選された者が組織的党員となる……宣伝によって国民が一つの理念で統一されれば小数の組織的党員をもって巨大な成果を獲得できる」などと述べていた。だが、ゲッベルスがとくに注目したのはヒトラーの言う「宣伝は組織に優先し、宣伝のための有能な人材獲得が必要である」というくだりであった。

一九二七年二月十一日、二九歳になったゲッベルスは首都の市民の注目を集めるために共産党に対する戦いを挑んだ。共産党の牙城である労働者区にあるファルス・ゼーレという集会場で演説をもって労働者の挑発を試みた。そして人々の視覚に訴えるポスターを刷ったが、全体は暗い赤色で共産主義者の宣伝文句と同じトーンにして、「労働者諸君！　ブルジョワ（富裕層）は崩壊だ。新体制はドイツ国民の肩にかかっている！」とぶち上げた。

集会当日に鉤十字旗を振りながら六〇〇名の党員がゴムの棍棒を手に握って街頭へ繰り出した。集会場で議長のダリューゲが議事進行を告げると、反ナチ主義者に混じって数名の共産主義者がいて野次を飛ばしたものの、すぐに数名の突撃（SA）隊員により場外へつまみだされた。

続いて壇上のダリューゲがビール・ジョッキを野次る者へ投げつけると、場内は乱闘の場と化して、外から突撃隊員たちがなだれ込んできた。突撃隊員一二名が負傷し反ナチ主義者も七〇名以上が怪我をする事態となり、やがて、警官がやってくると演壇上では小さい男が平然と腕組みをして立っていた。無論これらは仕組まれた演説会ではあったが、ゲッベルスは突撃隊員たちに一歩も引かぬ気概を示したことになり、以降、突撃隊員たちは敬意を表してゲッベルスを「博士（ドクトル）」と呼ぶようになった。

ベルリンの突撃隊長クルト・ダリューゲ（のち親衛隊大将で保護領総督）。

会場では今や熟達した演説者となったゲッベルスが演説を始めたが、皮肉、苦痛、怒り、喜び、悲しみ、挑発、侮蔑とあらゆる感情をコントロールしつつ訴えかけたが、その内容は簡潔を特徴としてヒトラーの多言に対して一〇分の一で充分であった。ヒトラーは聴衆を興奮の坩堝に投げ込んで無我の境地にさせたが、ゲッベルスは人人を熱くさせることにより心の深奥で納得させて考えさせる余地を残した。

突撃隊勧誘ポスターでルートヴィッヒ・ホールワイン（第８章のポスターの項参照）制作。

　ゲッベルスはのちにこの演説について「演説草稿は書いてみるが、重要なことは、聴衆に自然に出てくる言葉として受け止められるようにしなければならない。そうでなければ聴衆は感動も信頼もしない」と述べている。

　翌日のベルリンの新聞各紙はこぞって「派手な市民の戦闘」を一面に掲載したが、論説でゲッベルスは手酷く叩かれた。だが、これこそ、ゲッベルスのベルリン市民の関心を引きつける戦術であり、数日後の党事務所には入党志願者二五〇〇人以上、突撃隊（ＳＡ）志願者五〇〇名以上を獲得することができたのだった。

　その後、ゲッベルスはこの種の戦術と戦闘的な演説会を続行したが、ある演説会で邪魔をした老牧師を突撃隊員が暴力でつまみ出したためにゲッベルスたちの暴行が告発されるところとなり、ベルリン市警視総監はナチ党の活動中止を命じるとともにゲッベルスの演説も禁止した。確かにベルリンでは突撃隊員が集会で喧嘩を繰り広げて一般市民に暴行するという、政治的テロが横行していることをゲッベルスも分かっていた。

一九二七年五月に「暗黒の金曜日」と呼ばれるドイツ株式の暴落が起こり社会全体は動揺したが、ゲッベルスはそのような時こそ急進的ナチ政党が発展できるということを理解していた。ここで、ゲッベルスは攻めに出てミュンヘンの党機関紙フェルキッシャー・ベオバハター紙に「ゲッベルス逮捕！」という見出しで、手錠に繋がれて連行される自分の写真を掲載させたが、無論、これは自己犠牲あるいは殉教的行動を印象付けるための演出であり、ここから、ゲッベルスの宣伝手法の発展が始まったと見てよいであろう。

それからというものは連日、党の機関紙がゲッベルスに加えられる数々の妨害行為を書き立てた。ゲッベルスはフランス軍によるルール占領時の抵抗運動と、ベルリンにおける身体を張っての活動を一本の線でつないで自分の英雄的行為を演出したが、ベルリン市民は騙されなかったし、ゲッベルス自身もそれはわきまえていた。

当時、ベルリンではナチ党機関紙フェルキッシャー・ベオバハター、シュトラッサー兄弟の発行するベルリナー・ツァ

デァ・アングリフ紙の２代目編集長ユリウス・リッペルト（左）。

イトング紙があったが、ゲッベルスは自ら自由に編集できる週刊誌を意図して悪名高い新聞「デァ・アングリフ（攻撃）」を創刊した。初代編集長はヴィリー・クラウゼ（ペンネームはペーター・ハーゲン）ですぐに二代目がユリウス・リッペルトとなり、一九三五年からの三代目はゲッベスルがもっとも信頼したハンス・シュバルツ・バンベルグになった。この時期、ゲッベルスは資金も用紙も印刷所も、そしてベテラン編集者もなかったものの後払いでなんとか出版までこぎつけたが、編集長のリッペルトは暴行容疑で警察に逮捕されてしまいゲッベルスが陣頭指揮をとる宣伝戦が開始された。

一九二七年七月一日に一〇〇〇枚のポスターがベルリン市内に張り出されたが、最初のポスターは「デァ・アングリフ（攻撃）」の文字だけだった。二番目のポスターは「七月四日、デァ・アングリフ（攻撃）開始！」と書かれていた。ベルリン市民がいぶかりだしたときに三番目のポスターが現われて「デァ・アングリフ（攻撃）は毎月曜に行なわれる」と示された。そして、その翌日にゲッベルスでさえ出来の悪さに驚いたほどの、雑誌まがいのデァ・アングリフ紙が二〇〇〇部発行された。

やがて、編集長のリッペルトも警察から釈放されてもどったので四号目くらいになるとどうやら新聞らしい体裁になってきたが、その内容たるや「我々は労働者と兵士を代表して資本家に挑戦する！」というような扇動記事ばかりだった。これにはヒトラーに資金援助をする資本家たちは怒って抗議にやってきたが、ヒトラーは「デァ・アングリフはゲッベルスの個人的事業であり関与することはできない」と釈明して逃げてしまった。

他方、党の出版物をあつかうシュトラッサー兄弟は競争相手の出現に脅威を感じて、ヒトラーにゲッベルスのデァ・アングリフ紙を廃刊にするように迫ったが、こちらでもヒトラーはのらりくらりとすり抜けてしまった。ベルリンではシュトラッサーの新聞とゲッベルスの新聞の売子が路上で争いを演じ、ゲッベルスは突撃隊員を動員してシュトラッサー側を暴力で叩いたりした。これには怒ったシュトラッサーは猛抗議をしたが、ゲッベルスは共産主義者のせいにしてとぼけていた。いくらか勢いのついてきたゲッベルスであったが、雇員の給料は分割払いであり、事務所の家賃、電話、印刷所へは未払いが溜まって経済的には四苦八苦していた。

ゲッベルスは1927年に悪名高いデァ・アングリフ（攻撃）紙を発刊した。同紙の宣伝ポスター。

当時のベルリン最大の日刊紙で五〇万部、中間紙で二〇~三〇万部、まずまずの新聞で一〇万部であり、ゲッベルスの創刊したデァ・アングリフ紙は一九二七年時にはまだ三〇〇〇部程度であったといわれる。しかし、このデァ・アングリフ紙は一九三〇年に日刊紙となり、一九三二年には朝夕刊セット紙に発展して、一九三三年に六万部、一九三六年に一五万部、一九四四年に三一万部に伸びた。紙面は一面の右方に配置されたゲッベルスを意味する「博士G」の署名のある短く簡潔な論説を特徴としていた。

ベルリンにはユダヤ人の高級官僚で警視総監代理のベルンハルト・ヴァイスという第一次大戦で士官として一級鉄十字章を受章した優れた元軍人がいた。このヴァイスは警察官僚としても優秀な人物で混乱のベルリン市の秩序維持に尽力していたが、ゲッベルスは自分の出頭命令書に署名したヴァイスを「イジドル」という名を冠して、嘘と作り話で固めたデァ・アングリフ紙をもって激しく攻撃した。

このころ、ゲッベルスは無頼の徒と何ら変わらぬ突撃隊員（SA）たちと同列にされることに我慢がならず、自分の知的水準をひけらかすために幾つかの論説や演説で政治と民族そして党の教条を述べていた。これについて、のちの専門家の分析によれば「ゲッベルスは国家社会主義の理念に世界観が欠けている部分を補おうとしたものである」としている。そして、ゲッベルスは『西欧の没落』という有名な著書を現わしたオズワルト・シュペングラーの世界観から着眼点を盗用しており、文章の達人といわれたゲッベルスであっても所詮は借り物の論説でしかなかった。

また、一時代前にハイデルベルグ大学とミュヘン大学教授で進歩的社会学者であったマックス・ウェーバーの造語である国家社会主義は、「それぞれの国々が独自の環境に合わせた社会主義になる」ということであったが、これをナチ党が政治上の理由から用いることになったものである。もっとも、ゲッベルスは多くの人々の著書や語録から好むと好まざるとにかかわらず盗用する大家であった。例えば、メラー・ファン・デン・ブルックの著書『第三帝国』では、中世の皇帝時代の第一帝国やホーエンツォルレン家の第二帝国よりも強力な国家が第三帝国となり世界を支配すると書いたので、ゲッベルスはこの造語もいただいた。

また、ジャーナリストで政治家でもあり、国家社会主義ドイツ労働者党のごく初期幹部でヒトラーの友人だったディートリッヒ・エッカルトの詩の中から、有名なナチ主義運動の標語である「ドイツよ、めざめよ」を利用した。確かにこのころ一日一五時間、時には一八時間も猛烈に働くゲッベルスに高邁な哲学的思索の時間などあるはずもなかった。

一九二八年一月にゲッベルスは宣伝と宣伝技術について一連の講評を行なったが、その骨子がゲッベルス自身の宣伝手法をよく示している。ゲッベルスは言う。

ベルリンの警視総監代理ベルンハルト・ヴァイスはユダヤ人でゲッベルスはデァ・アングリフ紙で攻撃した。

「宣伝には一定の理論はなく、求めたとおりの結果が良い宣伝であり、それ以外は悪い宣伝である。どれほど素晴らしい宣伝で人々を喜び楽しませても結果がなければ不可である。手法についても乱暴、下品、卑猥、不公正といった評価は無意味である。観念というのは元来抽象的であるが、人々が心に抱いている事柄について誰かが的確に述べると、誰もが「そのとおり、それが私の望んでいたことである」と反応するはずだ。ある目的を認識して人々に話しかける時こそ、まさに宣伝を行なっているのである」

ゲッベルスは宣伝が組織（国家）に先立つ目的達成への手段であるという点についても繰り返し言及している。また、彼は宣伝を実行する人々を「優先度の高い職業ではない」とする者たちに対して、「宣伝は誰にでも教示することができる一種の芸術といえるが、ある段階から先は能力に恵まれた才人の分野となる」と述べて、ここから、独自の理論を展開するのである。「キリストは宣伝しなかったか、本を書いて説教したであろう。ムハマド（モハメッド）も難しいエッセイを書いた。二〇世紀においてレーニンはどうであろうか。数千の大衆を前に演説したではないか」。つまり、ゲッベルスは単なるナチ党とヒトラーのお手伝いではなく国家を左右する重要な政治家として存在したかったのである。

一九二八年三月三十一日にワイマール共和国政府はナチ党の活動停止処分を解いたが、その年五月二十日に国会選挙が近づいていた。

それまでゲッベルスは議会と国会議員を能無しとして嘲笑してきたが、ここへきて方針をがらりと変えた。というのも国会は絶好の宣伝の場だと見直したからである。ゲッベルスは五〇〇名の議員のうち自らを含めてナチ党議員七〇名を議会へ送り込むべく、二ヵ月間も車を利用してドイツ中を遊説して巡った結果、投票数約三〇〇〇万人中の一〇〇万票を獲得して九議席から一二議席へ増やすことができた。

国会議員となったのは、ヒトラーに次ぐグレゴール・シュトラッサー、海外の逃避先からもどったヘルマン・ゲーリング（のち国家元帥）、反資本主義者で初期ナチ党幹部のゴットフリート・フェダー、ヴィルヘルム・フリック（内相でベーメン・メーレン保護領総督）、初期ナチ党幹部でのちにバイエルン州知事のフランツ・リッター・フォン・エップ、そしてヨゼフ・ゲッベルスらである。この結果を受けて、一九二九年一月九日にヒトラーはシュトラッサーにナチ党組織部長を任せると、後任の党宣伝部長にゲッベルスを指名して党重要幹部の一人となった。

だが、ヒトラーは絶えず幹部間の離間を策して党内抗争を煽ることで自分の立場の強化を図っていた。その

△誰を選ぶか！　ゲッベルス指導の選挙運動で、中央に相手陣営のブリューニングの名も見える。▽ナチ党の選挙宣伝戦で辣腕をふるったゲッベルス。

ような党の中でゲッベルスは知的水準の高さと多くのアイデア、そして迅速果敢な行動力による存在感が奇妙な恐れをもって見られていたが、ナチ党生え抜きのアルフレート・ローゼンベルグ（ナチ党幹部で党の理論家）、マックス・アマン（ナチ党全国出版指導者）、反資本主義、反ユダヤ主義の政治家ゴッドフリート・フェダーらからは自分たちの仲間ではないと距離を置かれていた。

ゲッベルスにとってはこんなことはどうでもよく、ヒトラーを唯一人の自分の指導者であるとする一種の信仰に近い立場がすべてであった。このためにゲッベルスは「総統は全能の人である」というヒトラー中心の信仰的なテーマを、新しい宣伝組織と手法を駆使して大衆に広めることが宣伝部長の役割であると考えた。ここから数年の間、ゲッベルスは政治演説集会を今日的な言い方をすれば「演出されたイベントあるいはショー」という単純手法をもって行なった。

例えば、林立する巨大な旗や攻撃的な大音声の行進曲とパレード、そしてサーチライトを用いて空中高くに放出された無数の色彩の光線流は人々の眼をくらまして雰囲気を盛り上げた。扇動と挑発により個人的な発言や判断といった知性を麻痺させ、すでに一種恍惚となった大衆は演説を聴く前に賛同状態になっていた。ここで演説者という扇動家が現われて言いたい放題にナチ態勢への参加を要求するのである。ゲッベルスは巨大な演説集会を計画すると、ナチ党宣伝部に演説部を設けて演説者や集会担当などを細かく決めて組織的に推進したが、とくに大都市には重点的に優れた演説者を割り当てたので、地方には弁舌力の劣る者が送られる結果となった。

一九二八年秋にワイマール共和国政府はヒトラーの演説禁止処分を解除したので、同年九月十六日、ゲッベルスは独自の演説集会手法を用いてベルリンのスポルト・パラスト（スポーツ宮殿）の大ホールでヒトラーの大演説集会を開催した。ここでヒトラーは一万人を超える聴衆を相手に、ほとんど三時間以上も休むことなく現在の政治体制を批判する演説を怒鳴りまくった。このころのゲッベルス自身は裏方に徹してヒトラー・ショーを熱心に演出し続けたが、不満はなく、むしろ、彼自身は舞台の袖にあって計画どおりに聴衆が反応するのを見ることが一種の快感でもあった。

夜の大群衆と光と大音声の催しは人々の眼を晦ました。

ゲッベルスは必要に応じて突撃隊（ＳＡ）を利用したものの、実際には知性のかけらもない無頼漢として軽蔑していた。しかし、一九三〇年にゲッベルスは突撃隊の中からホルスト・ヴェッセル（突撃隊少尉）というナチ党の「英雄」をでっちあげた。このヴェッセルは一九〇七年に牧師の子として生まれたが、のちに自由軍団（フライコール）で活動した人物で、頑丈で整った容貌を持つ男だった。一九二六年にゲッベルスの目に止まりベルリンのまだ小さかったナチ党に入隊して突撃隊の一グループの指揮を任せられたが、社会主義者や共産主義一派と激しい市街戦を繰り拡げたほかに演説者としても一流であった。

だがヴェッセルはベルリンの党活動から姿を消して、フランクフルトである娼婦と一緒に暮らしていた。ところがこの娼婦にはアリ・ヘーラーという紐がついていて、一九三〇年一月三十日にヴェッセルはそのヘーラーにピストルで撃たれて病院に運び込まれたが二月二十三日に死亡してしまった。ゲッベルスは、ホルスト・ヴェッセルはナチ党員であるが故に殺害されたが多くの党員が同様に死の危険に晒されている、ワイマール共和国のナチ党員迫害により周囲は敵ばかりであるが中でも最大の敵はユダヤの国際資本だ、と宣伝の筋書きを書いたものの、ゲッベルスの国際経済感覚はほとんど無知といってよいほどであった。

いずれにしても、ヴェッセルの死を宣伝に利用して、デァ・アングリフ紙上で「突撃隊の殉教者ホルスト・ヴェッセルは英雄である」と称えて盛大な党の葬儀にすり替えたのである。ゲッベルス自らが多数の出席者を前にしておごそかに葬送演説を行なった後に、ホルスト・ヴェッセルの歌（旗を高く掲げよ＝ディー・ファーネ・ホホ）を合唱した。

歌の内容はホルスト・ヴェッセルがベルリン時代に書いた詩をもとにして、デァ・アングリフ紙で使われた幾つかのスローガンで繋いだものであるが、現在では共産主義者のビリー・ブレーデルの詩をヴェッセルが編集したという説もある。ともあれ、これ以降に指導者が歌のあとで突撃隊員に向かって「ホルスト・ヴェッセル！」と呼びかけると隊員が一斉に応えるシンボル的儀式の一つとなった。

その後、ヴェッセルを射殺したヘーラーの逮捕により事の真相がドイツの新聞に掲載されてゲッベルスの捏造話はばれてしまった。だが、すぐにナチ党が権力を握るとホルスト・ヴェッセル神話を護るためにヘーラーと周囲の証人たちは地上から抹殺されてしまった。これは「事実はあるが宣伝ですり変える」というゲッベルスの典型的な宣伝手段であった。

△1929年にホルスト・ヴェッセルが率いたベルリンの突撃隊。▽ホルスト・ヴェッセル。ゲッベルスが突撃隊殉教者にして党歌「旗を高く掲げよ」となった。

この時期、ゲッベルスの党宣伝部は相変わらず資金不足の貧乏所帯で借金の支払いに怯える日々であったが、政治情勢が動いて救われることになった。

一九二九年五月、ドイツはまだ第一次大戦の賠償下にあり、ゲッベルスたちは「永遠に続くドイツの貧困」というポスターを製作して賠償反対のキャンペーンを張っていた。そのような折にドイツ賠償委員会の委員長であった米国の資本家・外交官であったオウエン・ヤングがドイツへ来て、負担を大きく減じた新賠償ヤング案を提示して、社会民主党の政権と国立銀行のシャルマール・シャハト総裁が受け入れた。

このとき、ドイツ側の大物資本家で交渉委員だったアルベルト・フェーグラーは不満があって退会した。代わって、一九二〇年代の最大政党の一つであった人民党党首で巨大な複合企業クルップ財閥の総支配人であった、六五歳のアルフレート・フーゲンベルグが資本家の指導的立場に立った。フーゲンベルグはベルリンの幾つかの新聞社と多くの地方新聞の株式を所有し、加えて大映画会社ＵＦＡ（ウーファー）をも手に入れて独自の世論操作組織を完成させていた。これはゲッベルスにとってはよだれの出そうな宣伝組織と資金網であったに違いない。

フーゲンベルグもまたこの組織を用いてヤング案を葬ろうと画策したものの、もともと資本家、銀行家、高級官僚、旧貴族（ユンカー）で固められた人民党では大衆を動かすことができなかった。そこで、フーゲンベルグはヤング案を攻撃していたナチ党総統のヒトラーに接近し、ヒトラーもまたナチ党勢拡大のための資金網としての魅力により双方は手を握ったのである。

本来ゲッベルスはフーゲンベルグたち資本家が攻撃対象であったためにヒトラーの変節的方針には不満があり、「方策を同じにしても目的地は異なる」と別の見解を述べていた。だが、結果としてゲッベルスは「同じ方策」に乗ってフーゲンベルグの大きな新聞宣伝網を存分に使用できるようになり、加えてニュース映画の製作や上映など映画館網も活用することができたのである。そして、最大の利点は豊富な資金を獲得して自由に独自の宣伝戦の展開が可能となったことだった。

国民投票の結果としてヤング案反対のナチ党は五八〇万票を獲得したものの、まだ勝ち戦となる二〇〇〇万票の四分の一でしかなかった。また、ゲッベルスはこの展開により資本家の金と組織でナチ党の宣伝を成し遂げることができたが、「宣伝は方策や手段が問題ではなく目的を達することが重要である」という自説を証明したに過ぎなかった。

左からヒトラーと結託した資本家・政治家A・フーゲンベルグ、R・ライ、J・ゲッベルス、W・フンクでUFA（ウーファー）映画での一齣。

一九二九年十一月の地方選挙で三二歳になったゲッベルスはナチ党の選挙運動を指揮したが、連日演説を精力的にこなして多くのポスターの標語やパンフレットを作成し、デァ・アングリフ紙を週二回発行して宣伝に努めて勝利に導き、ナチ党はベルリン市議会の二〇パーセント以上の議席を獲得した。他方、一九三〇年にヒトラーは党の大物の力を削ぐために、シュトラッサー兄弟の経営する出版社の株式を取得して印刷会社ともども閉鎖してしまったので、ゲッベルスは競争相手が消えてしまい一層活動範囲が広がった。そのような折にワイマール共和国議会が解散されて一九三〇年九月十四日に総選挙が実施されることになった。

第5章　ナチ党躍進と政権奪取

ナチ党宣伝部長のゲッベルスはナチ党議員を一二議席から三倍の四〇議席にすると公言すると、大新聞の多くは嘲笑したが、彼らはゲッベルスが仕掛けた計画的な宣伝組織を計算に入れていなかった。ゲッベルスの陣頭指揮により党宣伝部は大車輪で動き出し、多数の演説者がドイツの大都市はもとより町や村の隅々まで送り込まれて、ヒトラー以下ナチ党の幹部は選挙演説にことごとく駆り出されるという前代未聞の組織的な選挙運動であった。ゲッベルスは一万人以上を集める巨大な選挙集会を実に五〇〇〇回以上も計画してドイツ中に数百万枚のポスターが掲示された。

そして、今やナチ主義を宣伝する新聞媒体は五〇万部におよぶようになり、ゲッベルスが指示する宣伝記事が掲載され、売れ残りは無料で配布し、投票日である九月十四日の投票所にはこれまでにない多数の人々が溢れた。

この日の夕方になるとゲッベルスの公言した四〇議席は現実のものとなり、ナチ党は投票

△1930年にゲッベルスはナチ党宣伝部長としてドイツ中を遊説して回った。右の飛行機にはゲーリングの名が描かれている。▽1930年のベルリン、「ヒトラーは我らの最後の希望」というポスターに見入る市民。

総数の一九パーセントにあたる六五〇万票を獲得して議員は一〇七名となり社会民主党に次いで第二党となった。

このナチ党の勝利によりベルリンのドイツの主要新聞記者と海外の新聞記者がナチ党宣伝部のゲッベルスのもとに押し寄せた。このとき、ゲッベルスは「我々の戦いは今開始されたばかりであり、先ほど次への戦いの準備指令を出してきたばかりである」とにこりともせずに簡単な言葉を発しただけだった。

この選挙の勝利によりゲッベルスはベルリンの大管区事務所をヘーデマン街一〇番地に移した。そこは、かつてゲッベルスが一度は心酔したことのあるワイマール共和国外務大臣（政治家、実業家、作家）だったヴァルター・ラテナウが第一次大戦中に使った由緒ある事務所であり、意図的にここへ引っ越したものだと考えられている。他方、ゲッベルスはミュンヘンのブリエナー通りにあるナチ党本部のブラウネ・ハウス（褐色館）にかなり立派な事務所を設けていたが、ナチ党ミュンヘン派閥には入らずパーティーにも出席しなかった。

ナチ党勢は急速に高まり、ヒトラーの著書『わが闘争』の売り上げも伸び、ゲッベルスの宣伝新聞デァ・アングリフも部数が伸長して、資本家たちはナチ党へ多くの献金をなしたので資金はずっと潤沢になった。今や、ゲッベルスは党の会計に電話一本すれば必要な小切手が届くようになり、二年ほど前までの困窮状況はまるで嘘のようであった。

大いに党勢は伸長していたが、ゲッベルスは裏で幾つか汚い手を使っ

△ウィンドーが破壊された「写真と印刷」のユダヤ人商店。ユダヤ人排撃の始まりである。▽広く配布された反ユダヤ・キャンペーン・ポスターで「ユダヤ人は戦争の供給者。戦争を長期化させる！」とある。

て世間の日を引きつけようとした。その一つは一九三〇年一月十三日に議会が召集されてナチ党議員一〇七名が議場へ入る時に合わせて計画された。ゲッベルスは無頼の徒ともいうべきベルリン突撃隊長のフォン・ヘルドルフを使って、一〇〇〇名の突撃隊員たちがユダヤ系のデパートと店舗や企業のウインドー破壊という野蛮な行為に出た。ゲッベルスはこの暴挙のことを三年後になって自分が扇動者であったと認めている。また、一九三一年二月十日のナチ党議員の議会脱退によって特権を失ったゲッベルスは、この種の幾つかの訴訟を起こされたが、裁判で精神病者を装って二〇〇ライヒスマルクの罰金だけで乗り切ってしまったりした。

一九三〇年三月に社会民主党のハインリッヒ・ブリューニングが首相となり、国家予算縮小のために公務員を削減して多くの支出をカットした。この結果、資本家は資本を海外へ移し大手銀行の破綻により失業者が増加して恐慌が広がり、その状況はブリューニング首相自身が「この一〇〇年で最悪のものとなるであろう」と評したほどだった。だが、ゲッベルスは「出口を失った大衆を捕まえて党員数を数倍にして党勢を急拡大する絶好の機会だ」と捉えていた。

ナチ党とゲッベルスは宣伝のために公約を皿に大盛りにして出した。これは、一方に良ければ一方には悪いという矛盾だらけの公約ではあったが、人々は「ともかく良くなればいい」として期待をかけたのだった。

第一次大戦末期の参謀総長だったパウル・フォン・ヒンデンブルグ老大統領は一九三〇年

十月にヒトラーと面会したが、大統領にとってはずっと「ボヘミアの伍長」であり、一大臣がせいぜいだと述べてナチ党の脅威にはなんらの注意を払わなかった。

ゲッベルスはこの時期に美しいマクダ（ヨハンナ・マリア・マクダレナ・ゲッベルスとなった）と結婚した。マクダの幼少期は複雑である。母はアウグステ・ベーレントといいベルリンの建築家オスカー・リッチェルの家政婦であったときに雇い主のリッチェルと結婚して、一九〇一年十一月に二人の間に生まれた子である。五年後に母はリッチェルと別れて一九〇六年に革製品をあつかう工場を経営する裕福なユダヤ人のリヒャルト・フリートレンダーと再婚したが、フリートレンダーは没落して一九一四年に離婚した。このためにマクダは母のベーレント性を名乗っていたが実質的な面倒を見たのは実父のリッチェルであった。

フォン・ヒンデンブルグ大統領（右）とA・ヒトラーだが大統領にとってはずっとボヘミアの伍長であった。

マクダは一八歳のときにギュンター・クヴァントというBMW社やダイムラー・ベンツ社の大株主であった四〇代の実業家と知り合い、一九歳でどちらかといえば財産目的に結婚してベルリン郊外の上流階層の居住地バーベルスブルグの別荘に住んで贅沢に暮らして

◁若き日のマクダでのちにゲッベルスと結婚する。▷ゲッベルス夫人となったマクダ。

いた。夫クヴァントは反ユダヤ思考の持ち主であったが仕事の上では主義は別だという適当主義者であった。クヴァントの前妻には二人の息子がいて長男はヘルベルトで次男はヘルムートといい、後妻のマクダは二人をよく可愛がったが長男のヘルベルトは二〇歳のときに盲腸炎から合併症を起こして死去している。

やがて、一九二一年十一月一日にマクダはクヴァントとの最初の子供である男子のハラルトを出産した。ハラルトはのちにゲッベルスと養子縁組をして他の子供たちの異父兄となりドイツ空軍の中尉として唯一人第二次大戦を生き抜き、戦後は西ドイツの主要な実業家となったが、四六歳のときに自家用機事故によりイタリアで死去した。その後マクダは若い学生との不倫関係がばれたために一九二九年にクヴァントに離婚されるところとなり金銭は支払われなかった。そこでマクダは前夫クヴァントの脱税書類をネタにして五万ライヒスマルクと毎月四〇〇〇マルクの生活費、および高級アパートの家賃を獲得して優雅に暮らしていた。

ヒトラーを支援する資本家や上流社会の人々の間でも、このころのナチ党の活発な動きは魅力的に見えた。マクダもその一人だったが、あるときにナチ党本部へ出向いて一日数時間の臨時職員の職を求めると歓迎された。このときにゲッベルスに会って興味を持ち、スポルト・パラストで演説を聴いたが、そこには退屈な上流貴族や資本家たちにない圧倒的で奔流のような逞しさを発散する男がいた。確かにゲッベルスは男には人気がなかったが、女性にはもてた。このマクダとゲッベルスの出会いには若干の異説があるが、これは大きな問題ではない。

△ゲッベルスの2回目の恋愛はマクダで1931年12月に結婚した。中央黒服がゲッベルス、左はマクダ、右側は前夫の息子ハラルトでその後方は介添役ヒトラーである。▽ゲッベルスを囲んで左上から時計回りに次女ヘルデ、長男ヘルムート、長女ヘルガ、五女ハイデ、四女ヘッダ、三女ホルデ。

やがてナチ党本部で働くようになった若くて美しいマクダの周辺には様々なスキャンダルが起こり、マクダは仕事を辞めることになったものの、ゲッベルスが引きとめたことがきっかけとなって二人の付き合いが始まった。はるか昔のエルゼ・ヤーンケとの恋愛から数えて二回目の本格的な恋であった。

このころのゲッベルスの月給は大管区長で四〇〇マルク、国会議員で五〇〇マルク、合計九〇〇マルクだったが、マクダのアパートは月に五〇〇マルクもかかった。結局、マクダは前夫との離婚による好条件を棄てて一九三一年の末に三四歳のゲッベルスと結婚して付添人はヒトラーが務めた。しばらくゲッベルスは西ベルリンにあるマクダの高級アパートに居を移して党の活動拠点にしたために、多くの活動家が出入りしてマクダは多忙であった。

マクダには前夫クヴァントとの間に生まれた男子のハラルト（ゲッベルスの養子となる）がいた。そして、ゲッベルスとの間には男の子一人と五人の女の子があった。一九三二年九月一日生まれの長女ヘルガ、一九三四年四月十三日生まれの次女ヘルデ、一九三五年十月二日生まれの長男ヘルムート、一九三七年二月十九日生まれの三女ホルデ、一九三八年五月五日生まれの四女ヘッダ、最後の五女ハイデは一九四〇年十月二十九日生まれだった。しかし、一九四五年五月一日のナチ国家崩壊の最後の段階で、ヒトラーを追ってゲッベルス、マクダと共に六人の子供たちは道連れにされて二度ともどらぬ世界へ旅立つことになるのである。

ところで、多事だった一九三一年は終わったが、まだ、ナチ党の地滑りのような選挙の大勝利と政権の奪取はならなかった。このころヒンデンブルグ老元帥の大統領任期は終わりかけていて、ゲッベルスはヒトラーの背中を押しながらミュンヘンのナチ党幹部を説き伏せて老元帥の対抗馬に立候補させた。これはヒンデンブルグ元帥とヒトラーとの事実上の決戦となり、ゲッベルスは再び集会と演説を繰り返す大車輪の活動をした。

一九三二年三月十五日が投票日だったが、ヒンデンブルグ老元帥は一八七七万票を獲得し、

△スポルト宮殿で演説するヒトラー。1932年の決戦投票はヒトラー1330万票対ヒンデンブルグ1877万票だった。▽世界でだれが一番重要か？と呼びかける1932年の選挙ポスター。

ヒトラーは一三三〇万票、そして、共産党と極右の諸党は七五〇万票となった。ここで憲法の規定によりヒンデンブルグとヒトラーは決戦投票に持ち込まれたが、ゲッベルスにはこの決戦は勝てないという道が見えていた。しかしながら、決戦投票に至る過程で五〇〇万票の差まで迫ったことに宣伝戦上の勝利を見出していたのである。

このころゲッベルスは幹部会議を開いて選挙運動の誤りと改善点を検討していた。なかでもドイツの日刊新聞約一〇〇〇紙のうち一二〇紙をすでに傘下においていたが充分でないことを指摘して、支配新聞の強化と近代的な選挙宣伝技術の洗練化を命じた。ゲッベルスの生み出した新たな選挙戦は旅客機ユンカースJu52や小型機をチャーターして、短期間にドイツ全土にヒトラーが姿を見せるという画期的な手法を採用することで、一日に二〜三回の遊説が可能となり一層広範囲な選挙運動を可能にした。遊説者一行にはゲッベルスの息のかかった優秀な記者を随行させて、まるで従軍記者のように迅速に紙上で選挙戦を実況中継させたのである。

決戦投票はゲッベルスの予想どおりにヒンデンブルグ元帥の一九〇〇万票に対してヒトラーは一三四〇万票であったが、票の伸びはナチ党とヒトラーの勢いが上昇中なことを示していた。この上昇気流に乗ってゲッベルスは二週間後に迫ったプロイセン州とバイエルン州の議会選挙戦に臨むことになり、数百人の手練(てだれ)の演説者が一斉に遊説を行なった。

ゲッベルスはワイマール共和国末期の首相ハインリッヒ・ブリューニングに公開討論を申し入れた。だが、公開討論が断わられるとゲッベルスは演説会場でブリューニングの演説を収めた録音レコードをかけながら一人芝居の討論会を行なった。演説の内容はユダヤ人を攻撃してブリューニング首相をこきおろす低劣なものであったが、趣向の変わった想像外の演説は宣伝技術の面から見れば非常に刺激的でかつ効果的であり、強烈な印象を大衆の心に残して成功した。

1932年のドイツ選挙時のナチ党宣伝ポスターでレイアウトはヒトラー専属写真家のハインリッヒ・ホフマン。

　ゲッベルスの宣伝組織はドイツ中を騒音の渦に放り込み、褐色シャツの突撃隊に暴れさせて市街地の治安の悪さを演出することで不安を煽り、競争相手の主張をかき消して飲み込んでしまうレベルの低いものだったが、大衆とはどういうものであるかを知り尽くした戦術だった。

　そうしたなかでも、ゲッベルスの「宣伝の到達目標」はきちんと定められていた。ゲッベルスの「ワイマール共和国政府が悪い」「景気の回復がない」「繁栄もない」という単純明快なキャンペーンの結果、バイ

エルン州では九議席から四三議席へ、プロイセン州では一議席がなんと六二議席にまで増加したのである、

老ヒンデンブルグ大統領は有力な支援者だった旧貴族（ユンカー）が公金詐取の容疑でブリューニング首相に告訴される問題が起こると、これをかばうためにブリューニングを罷免した。代わって旧貴族の資本家で思想的に右翼に近いカトリック中央党のフランツ・フォン・パーペンを首相に据えた。この時期、ドイツは経済危機に見舞われてナチ党への経済的支援は縮小していた。

そんな一九三二年六月三日に再び議会が解散されて同年七月三十一日に総選挙となった。ゲッベルスは時間を無駄にせず、すぐさま選挙戦を開始するとナチ党支持を拡大するためにドイツ中を精力的に遊説して歩いた。一九三二年七月九日にゲッベルスはベルリンでもっとも大きなルストガルテン広場で、実に一〇万人を越える大聴衆に向かってパーペン首相の無能ぶりをアッピールしていた。七月三十一日の選挙ではゲッベルスの選挙宣伝戦は甘い果実をもたらして、社会民主党一三三議席、共産党八九議席に対して、ナチ党二三〇議席という大勝利であった。

この時、ゲッベルスは「我々が政権を獲得したならば決して手放すことはない」と大見得を切っている。ベルリンをはじめとして諸都市では突撃隊員たちがゲッベルスによる社会不安を助長するという扇動策のもと、ナチ主義スローガンで町々を覆って競争相手のポスターを剥がす無頼ぶりを発揮していた。だが、選挙で勝利したナチ党を支持する一般の人々に対

△右よりゲッベルスが公開討論を挑んだワイマール政府末期の首相H・ブリューニング。ヒンデンブルグ大統領が指名したフォン・パーペン首相で不評だった。パーペンに代わったフォン・シュライヒャー首相はのちの「長剣の夜」に粛清された。◁（上）１９３２年大衆へアッピールするゲッベルス。「我々が政権を獲得すれば決して失敗することはない」と放言した。（下）ナチ党大勝利の幹部たち。ゲーリング（左端）、１人置いてヒトラー、シュトラッサー。

する突撃隊員の下部組織の暴力は民衆の反発を買い始め、ゲッベルスは自らが呼び寄せた悪魔の行動に手を焼くことになった。

一九三二年八月に議会が開催されると第一党であるナチ党からヘルマン・ゲーリングが議会議長になったが、ヒンデンブルグ大統領はヒトラーを嫌って首相に指名しなかった。一方で、老ヒンデンブルグはドイツの失業者数が七〇〇万人に達する状況を改善できない不人気なフォン・パーペン首相を、軍人政治家のクルト・フォン・シュライヒャー（一九三四年六月三十日の有名なナチ党の粛清である［長剣の夜］に親衛隊により殺害された）と交代させた。そして、ナチ党組織部長のグレゴール・シュトラッサーは他党との取引を画策したが、ヒトラーは受け入れず、これがもととなって党の役職すべてを棄ててベルリンから退去していった。

ここで、ナチ党に投票したものの何の見返りもない大衆に反ナチ感情が広がり始めた。ゲッベルスはそれを食い止めるために重要な選挙戦で勝利を意図したが、それは人口一五万人というワイマール共和国の最小の州リッペにおいて最大の勝利を獲得することだった。ゲッベルスはヒトラー、ゲーリング、フリックのほかに党幹部らを動員して、五〇人から六〇人規模の小さな集会で次々と遊説させ、自らも一晩に三～四回も演説を行なって選挙に圧勝した。そして、「ナチ党は再び進軍を開始した！」とゲッベルスの自由になる傘下の新聞を通じて大衆にアッピールしたのである。

一九三三年一月二十八日、前首相パーペンとヒトラー連合により打倒されたシュライヒャ

ゲッベルス（中央白コート）とその左方はナチ党と手を握った前首相フォン・パーペン。

◁1932年～33年のナチ党選挙の勝利に宣伝戦で辣腕を振るったゲッベル（右）と突撃隊員。▷ずっと続けられた「一つの民族、一つの国家、一人の総統」ポスター。

ー首相は辞任した。ここで、やむなくヒンデンブルグ老大統領はヒトラーを呼んで首相に任命したが、この時、ゲッベルスは「わが新帝国が誕生した！」と日記に書いている。

ベルリンの首相官邸前には松明を手にした褐色服の突撃隊が、かつてゲッベルスが捏造した英雄ホルスト・ヴェッセルの歌「旗を高く掲げよ」を合唱しつつ行進して、数万の群集が歓声を挙げていたが、三五歳になっていたゲッベルスはヒトラーの後方に立ってこの人々を無感動に眺めていた。

ヒトラーが政権を握ってからわずか二ヵ月後の一九三三年二月二十七日にベルリンの帝国議事堂（ライヒスターク）がナチ勢力の陰謀により火災になった。これは二月中旬にベルリン突撃隊長ヘルドルフの側近だったカール・エルンストが秘密会合で、「議事堂を焼いて共産主義者のせいにする」という計画を立ててゲッベルスのところへ持ち込んだ。ゲッベルスは国会議事堂の傍にあるゲーリング邸と議事堂に続く地下道があるが、警察はここには手をつけないと助言した。ゲッベルスは人々が驚く火災、国民の関心、ヒトラーの怒りといった一連の反応を十分に計算していたのである。

炎上する帝国議事堂の中でオランダの共産党員であるマリウス・ファン・デル・ルッベが逮捕されると放火は共産党の仕業とされ、翌日のデァ・アングリフ紙に共産主義の脅威と絶滅を求める記事がでかでかと書き立てられた。しかし、事実は共産党員ルッベが国会議事堂の敷地内で花火を上げるように仕組まれる一方で、突撃隊員が議事堂に放火をしたのである。幾人かの共産主義者が逮捕されて公開裁判にかけられたが、彼らはゲッベルスらの企みを逆用して放火犯がナチであると海外へ認知させたのだった。

しかし、政権を握ったといってもヒトラー首相の内閣で中枢となるゲーリングは無任所大臣、フリックは警察権のない内相であった。ゲッベルスはこの状況に対しても「資金は充分にあり新聞とラジオは自由に使えるので政治扇動は容易である」と語っていた。もともと、ラジオ放送局は政府の管理下にあったのでゲッベルスはラジオをナチ党の宣伝手段にもってこいだと眼をつけて、主要な放送局長をナチ党員に入れ替えるとヒトラーの演説会の雰囲気を家庭に直接持ち込む新しい宣伝戦

△1933年2月27日、ナチ勢力の陰謀により帝国議事堂が火災になった。▽犯人にされたオランダ共産党員のマリウス・ファン・デル・ルッベ（左）。

ヴィルヘルム広場で演説するゲッベルス。彼は新しい宣伝手法としてラジオ放送を利用した。

を開始した。

一方で状況は急展開してゆき、国会放火を企てるような共産党や社会民主党は解散され、かつて政治と資金面でヒトラーに接近した資本家代表のアルフレート・フーゲンベルグは人民党首として、ヒトラー内閣で経済相・農業相を務めていた。だが、人民党も解体されるにおよび、フーゲンベルグは怒って閣僚を辞任したために、急速にナチ党への対抗政党は消えてしまった。

このとき、ヒトラー首相は老齢でほとんど思考力を失っていたヒンデンブルグ大統領に要請して緊急布告を発した。

これは、放火事件を契機として共産主義者が国家の安全を損なう暴力行為を阻止することが目的であったが、布告の第一条にある「個人の自由と言論、出版の自由に関する制限について法的限界は適用されない」というのは、報道の自由、個人の自由を制限する最初の法律となった。

第6章　宣伝大臣ゲッベルス誕生

一九三三年三月十日、ヒトラーはベルリン市長にデァ・アングリフ紙の編集長だったユリウス・リッペルトを任命した。続いて国民の啓蒙を目的とする「国民啓蒙宣伝省」が発足してヨゼフ・ゲッベルスが大臣となり、新聞報道、ラジオ、映画、美術および文学などすべての文化統制が開始されたが、これは、ナチ政権の宣伝を行なうことが主目的だったと考えるのが最も適切である。そして、国民の啓蒙を目的にした宣伝省というものは、当時いかなる国家にも存在しなかったということもまた大きな特徴である。

当時のドイツの一般的大衆の底辺は政治に無知・無関心だったが、ナチ政権に都合よく啓蒙して従順に従うようにするという政治的意図が背景にあり、新聞、ラジオ、映画、各種のポスターを巧妙に操作・管理・動員して、大衆をコントロールすることにより政権初期の五年間にこの意図を達成した。

ゲッベルスの宣伝戦の流れにある、人々の心を騒音で満たす行進曲、目を引く林立する巨大な旗、大衆を威圧する軍服による行進、神秘性を演出する松明行列、ドイツ国歌および党歌であるホルスト・ヴェッセル（旗を高く掲げよ）の大合唱や大集会は一種の伝染病のような催眠術的効果をもたらした。同じ仲間の中にいる安心感はすべての問題を解決し、すべての人々に充分な食料と職が与えられるという幸福感に浸れた。恐らく国民の九〇パーセントは熱狂しており、あらゆる村、町、都市でヒトラー通り、ヒトラー街、ヒトラー広場が出現したが、この伝染病はゲッベルスによって演出されたものだった。

ここに宣伝省（Reichsministerium für Volksaufklärung und Propaganda＝略称 RMVP と称する［国民啓蒙宣伝省］であるが本書では単に宣伝省と表記した）が生まれた所以があるのである。宣伝省ができるまでヒトラー内閣でゲッベルスは内務大臣や文化大臣を希望したが実現せず、ヒトラーの新聞大臣といった案から宣伝大臣へと発展したといわれている。宣伝省は一九三三年初めに一九世紀の大建築家シンケルが設計したプリンツ・レオポルト宮殿（のちに大増築される）の内装を一新して本部と定めた。

ベルリンの象徴で市の西方に広がるティアガルテン公園を背にしてブランデンブルグ門を通過すればウンターデンリンデン通りに入る。そして、ひとブロック先にあるアドロンホテルの角を南へ入れば、ベルリンの政治の中心地で官庁がずらりと立ち並ぶヴィルヘルム通りへ出る。通りを南へ少し下ると中央に位置するヴィルヘルム広場に面して宣伝省があり、広場を挟んで大蔵省があり斜め左前にはカイザーホテルがあった。宣伝省のレオポルト宮殿の側面はヴィルヘルム通りに面し、増築後はマウアー通りにも面するようになった。通りの反

△ヴィルヘルム広場に面するレオポルト宮殿の宣伝省本部で、のちに右側から後方にかけて拡大増築された。なお、左方通りの反対側には新総統官邸があった。◁大建築家シンケル設計のプリンツ・レオポルト宮殿の内部だが、のちに宣伝省により大改造された。▽宣伝省内ホール、ゲッベルスは宣伝省を小規模で迅速性を追求したが、後に1万5000人規模にまでなった。

対側には新総統官邸と外務省が位置しており、もうひとブロック南へ下れば巨大な空軍省、さらに、ひとブロック南のプリンツ・アルブレヒト通りには悪名高い親衛隊（ＳＳ）本部や秘密警察のゲシュタポと保安中央本部（ＲＳＨＡ）が位置していた。

ゲッベルスの私邸はブランデンブルグ門南端から至近距離にあった。門から南方へ向かうヘルマン・ゲーリング通り（現在はエーベルト通り）に面して官庁街の外務省や新総統官邸の裏側にあたる場所であり宣伝省へも近かった。現在はユダヤ人慰霊碑広場となっておりかつての地下壕はまだ残されている。

ゲッベルスは同三月に宣伝省にひとまずラジオ放送、新聞、映画、演劇、宣伝といった部局を設けたが、活動を開始するにはまず既存の省が握る権益を取らねばならなかった。政権奪取により多くのナチ幹部たちは権力の獲得に蠢いていたが、ゲッベルスがもっとも貪欲であったと言われるのはこのためである。外務省から海外への宣伝に関する権限を強引に獲得し、通信省からドイツ国有鉄道、ドイツ航空、旅行に関するすべての宣伝権限を得た。内務省からは新聞とラジオ放送の管轄権、出版、映画、演劇の検閲権を取り、ドイツ国内の全劇場の支配権と新たなナチ政権下の記念日の制定や公布権をも獲得した。このほかに、経済省からは国内の大規模見本市開催と監督権限を委譲させたが、唯一、ゲーリングが権益を持つプロイセン州劇場をとることはできなかった。

ゲッベルスは宣伝省の職員に明快にこう訓示した。

「敵に対するには二つの手段がある。一つは武力によって徹底的に叩く勝利である。もう一つは敵を味方にして我々に賛同させて党の歌を唄わせれば最高の勝利である。そして一〇〇〇年続く帝国を維持するために国民の方向性を定め、総統への忠誠心を高めて維持して行くことが宣伝省の役割である」

無論、この段階の「敵」とはヒトラーに従うべきドイツ国民のことである。このためにこそ、つねに国民の心をコントロールして一つの器に入れる必要があり、国民の日常行動の一つとなる青少年のスポーツ、詩、映画、演奏会、美術などはどれも重要であり、これらをゲッベルスは目的達成のために必要な手段と方策だとして多分野にわたる権限を要求したのである。

宣伝大臣室のゲッベルスと第一次官のヴァルター・フンク（右端）、背後の人物は副官のカール・ハンケである。

結局、ゲッベルスはラジオ、新聞、雑誌、出版物の独占、ジャーナリストの統制と政治論説、国民の余暇（レジャー）、芸術などを独占することになった。こうしてドイツ国民は独裁国家という大きな動物園に入れられた状態となり、ゲッベルスが巧妙に与える情報を鵜飲みにしてしだいに洗脳されてゆくのである。

ゲッベルスは九年後の一九四二年

の夏になってからこう述べている。

「国民を世界から完全に隔離して現在の状況が最高なのだと信じさせれば宣伝は成功である。判断とは比較対象があってこそ成立するものだが、長年檻に閉じ込められた農民や労働者は主体的知性による判断力をなくして現在の体制に反抗することができない」

これは、ゲッベルスが宣伝をどのように考えて、国民の思考と感情を操ったのかをよく示す言葉である。ゲッベルスこそヒトラーとナチ体制を支えて牽引した真の闇将軍であった。

ゲッベルスは宣伝省を小規模だが迅速性と合理性を追求する官庁と位置付けたが、活動は広範囲におよび、しだいに規模は大きくなっていった。宣伝省は当初五局だったが、九局から一二局となり最後に一六局となるが、発足半年後の一九三三年の秋には職員三〇〇名と臨時雇用者五〇〇名が活動していた。

このころのゲッベルスの周辺にいた人物は副官として有能だったSS（親衛隊）将校のカール・ハンケ、美男子で知られる映画・演劇部門を担当した生え抜き党員のハンス・ヒンケル、ゲッベルスに次ぐ宣伝理論家でのちの放送局長でラジオ放送に辣腕をふるった若いオイゲン・ハダモウスキーは報道官だった。党宣伝部を担当したのは自由軍団にいたレオポルト・グッテラーと突撃隊員のフーゴ・フィッシャーであるが、フィッシャーはのちに親衛隊長官ハインリッヒ・ヒムラーの参謀の一人となった。

一九三三年八月にゲッベルスは宣伝手段としてのラジオ放送の有効性に着目して周囲に「一九世紀は新聞であり二〇世紀はラジオである」と語り、文字より「話す」効果を信じて

右からゲッベルスの副官だった有能なSS（親衛隊）将校のカール・ハンケ。演劇部門を担当したナチ党古参党員のハンス・ヒンケル。ナチ党の宣伝も担当した宣伝理論家のオイゲン・ハダモウスキー。

いた。この考えによりゲッベルスの宣伝省はドイツ放送協会の全株式を取得して、ドイツ帝国放送協会として宣伝省の管轄下に置き、ラジオの独占権を握ると責任者にオイゲン・ハダモウスキーを据えた。加えて、ゲッベルスはなかなかの商売人ぶりを発揮してラジオの聴取者に許可証を発行することを思い付き、許可証一通あたり二マルクを徴収して宣伝省の運営費の一部に充てたりした。

当時ドイツ全土には二二〇〇種以上の定期刊行物があり、ゲッベルスはこれらを統制して自由に運用しようとし、宣伝省の国内新聞局がその任にあたり「編集人管理法」ともいうべき幾つかの規定を設けた。これにより、ナチ主義者でない者、宣伝省に反対する者、指示を守らない者、はたまた、ナチ党や宣伝省職員が好まぬ者、ユダヤ人、あるいは両親、親戚がユダヤ人である者など、あらゆる理由をもって新聞経営者、編集長、記者らが即刻解任された。

新聞経営者が意に従わなければ新聞は発禁処分を受

けて経営が成り立たず新聞社は売りに出され、ヒトラーの友人でエール出版社を経営するマックス・アマンとヘルマン・ゲーリングが買い取ったが、不思議なことにゲッベルス自身は新聞社を買い取っていなかった。ドイツの有名なフランクフルター・ツァイトング紙のみは一定の枠内で自由裁量が残されていたが、これは海外の眼をくらますための方策であった。

この宣伝省でも中核的な部署である国内新聞局の局長は三三歳のハンス・フリッチェ（一九四二年に放送局長）である。フリッチェは有能な記者あがりの民族主義者で、幾つもの放送や新聞の重要ポストを歴任してジャーナリズムについてよく知る人物でゲッベルスの片腕であった。

このハンス・フリッチェは一九〇〇年にエッセンとドルトムントの間にあるボーフムで生まれたが、控えめな子供時代であったという。この時代の他の若者と同様に一九一七年から一八年まで第一次世界大戦を経験し、その後、幾つかの大学で歴史、経済、哲学コースを選択したのちにジャーナリズムを学んだ。一九二三年に月刊誌の編集者となり一九二四年から三二年までの八年間は、資本家であり政治家だったフーゲンベルグが所有するメディア網の一つで、国際ニュースサービスをあつかうテレグラフェン・ウニオン（通信連合）の局長を務めた。フリッチェはフーゲンベルグにラジオ放送が大衆に対して果たす効果について熱心に語るほどの放送の専門家だった。

一九三二年にフリッチェはワイマール共和国政府の要請でドイツラジオ放送のニュース番組の責任者となったが、政府を運営するブリューニング首相やフォン・パーペンらに信頼を置いていなかった。そして一九三三年五月に政権を取ったヒトラーに魅せられてナチ党員となり、新設された宣伝省の管轄下においてラジオ放送の仕事を続けたが、やがてゲッベルスに眼をつけられて宣伝省のニュース部門に移された。一九三八年に国内新聞局長代理となり同年十二月に国内新聞局長に昇進して、ゲッベルスが求めるナチ的視点によるニュース番組を大衆に提供することを役割としていた。

「フリッチェ番組」で放送中の国内新聞局長（1942年放送局長）のハンス・フリッチェ。

しかし、ゲッベルスとの意見の相違から一九四二年初期に志願による一兵士としてロシア戦線へ行ったが、数ヵ月後にゲッベルスにより宣伝省へもどされると一九四二年五月に放送局長となった。新聞と放送を知り尽くしたフリッチェは、ナチ主義のお先棒を担いでいるナチ党幹部の低レベルぶりを先刻ご承知だったし、統制を行なう宣伝省側のお粗末ぶりもよく分かっていて、時の権力者である宣伝大臣ゲッベルスに率直な意見を述べることができた、ごく少数の側近の一人であった。

フリッチェは「ハンス・フリッチェ演説」というラジオ放送番組を開始することで、ドイツでもっともよく知られるラジオ解説者の一人となり、宣伝省の補助を受けた一六〇〇万台の安価なラジオを通じてナチ政権に都合の良い話を大衆に流した。

ゲッベルスは片腕として働くフリッチェの能力や手法を高く評価したが、決して二人の仲は親密にはならなかった。これは二人の放送に対する認識や手法が異なることに起因するものであり、フリッチェの手法は慎重で理路整然としてよく議論されたものだったが、ゲッベルスの手法はその反対だったからである。

ちなみに、フリッチェは一九四五年五月二日にベルリンでソビエト軍の捕虜となり尋問のためにモスクワへ送られたのちに、連合国によるニュールンベルグ裁判にかけられて人類と平和に対する犯罪で告発された。しかし、フリッチェのナチ政権内での重要性は低く、結果的にニュールンベルグ裁判で無罪とされた三名のうちの一人となった。だが、一九四七年二月に当時の西ドイツ連邦政府の訴追により裁判にかけられて、誤った情報を流すことでドイツの戦争続行を促して反ユダヤ主義を助長させた罪状により九年の禁固刑を宣告され、一九五〇年に釈放された後の一九五三年に死去している。

もう一人の幹部で宣伝省の第一次官を一九三三年から三七年まで務めた、酒豪で知られたヴァルター・フンクもゲッベルスに意見を述べることができた数少ない一人であった。フンクは一八九〇年に東プロイセンで生まれ、ベルリン大学やライプツィヒ大学で法律、経済、哲学を学んだのちの、一九一六年にベルリン株式新聞に入って編集局長になったほかに、ベルリナー・ツァイトングの編集長をしていたこともあった。一九三一年にナチ党に入党してヒトラーの経済顧問としてドイツ企業とナチ党との連携を図り、一九三三年にヒトラー内閣の報道官を務めたのちに新設された宣伝省に入った人物である。

ゲッベルスは名家の出で上流社会に広いネットワークを有するフンクを宣伝省第一次官に起用して、新聞局（国内新聞局と海外新聞局があった）を担当させていた。しかし、一九三七年に経済大臣のヒャルマール・シャハトの辞任により、一九三八年にフンクがその後任となり帝国銀行（ライヒスバンク）総裁となった。このフンクは一九四五年のニュールンベルグ裁判では人道に対する罪で起訴されて有罪となったが、このとき知能検査が行なわれたが全被告中五番目に低かったと記録されているのは興味ある事実である。

▷1933年～37年、宣伝省第一次官のW・フンクでゲッベルスに物言える数少ない１人だった。◁1937年～45年までフンクの後任になったオットー・ディートリッヒでゲッベルスとは不仲だった。

他方、フンクの後任はヤコブ・オットー・ディートリッヒが務めた。ディートリッヒはゲッベルスと同じ年の一八九七年にエッセンに生まれたが、第一次大戦では一級鉄十字章を受章している。大戦後の一九二一年からミュンヘン大学、フランクフルト大学、フライブルグ大学で政治学を学んだ。その後、エッセンとミュンヘンの新聞社で働くが一九二九年にナチ党員となった。一九三一年にナチ党宣伝部の報道部長となり親衛隊へ入り、一九四一年に親衛隊大将になった。ディートリッヒは一九三七年からフンクの後任として宣伝省の第一次官となり一九四五年のドイツ敗戦までその職にあったが、ナチ党の職と宣伝省の職が重複するためにしばしばゲッベルスとの不和が表面化した。このディートリッヒは一九四九年に訴追されて、親衛隊メンバーとしての人類に対する罪で七年の刑に科せられている。

第7章　大衆を飼い馴らす

　ゲッベルスは一九三三年に活発に活動する自分の城である宣伝省の大臣室で、現下のテーマである「国民を楽しい気分」に浸らせる役割に熱心に取り組んでいた。しかし、わずか一年前までは「ワイマール共和国政府が政治的理由により、我々に関わるあらゆる出版物を検閲して弾圧をする」と訴えていたが、今度は反対の立場になっていた。

　先ほども述べたが、ゲッベルスは「引用と盗用」の名人であり、よく一五世紀の人文主義者で思想家だったウルリッヒ・フッテンの「生きる喜び」という言葉を流用して演説で盛んに用いていた。また、ゲッベルスは一八八六年五月一日にアメリカ労働総同盟のストライキに始まった世界の社会主義労働者のための祭日であるメーデーに眼をつけた。

　一九三三年五月一日にベルリンのテンペルホーフ空港付近の大広場で、国家的規模の巨大な労働者の祭典とパレードを演出して国民に余暇を与えることで目をくらませていた。その裏で翌五月二日にはドイツの活動的な労組の幹部が警察に一斉に逮捕されて組合が潰された

ゲッベルスが目をつけた国家規模の労働祭（メーデー）のベルリン・パレード。

上に活動禁止となり、ドイツ労働者たちの指導者、組織、権利が奪われた。そしてラインラント大管区長から全国指導者となっていたロベルト・ライがドイツ労働組織を引き継ぐ形で、「ドイツ労働戦線（DAF）」を発足させて歓喜力行運動（喜びを力に）を国民に与えた。

のちの一九三八年に二万五〇〇〇トンの豪華客船プリンツ・ヴィルヘルム・グストロフをはじめとする一三隻の船による地中海クルーズや、おなじころに生産が始まったフェルディナンド・ポルシェ博士設計になる国民車フォルクスワーゲンなどが、国民をナチ体制に引きつけるための宣伝道具の一つとして効果的に用いられた。

いまやゲッベルスはナチ宣伝を思いどおりに展開できる地位にあった。一九三三年九月にニュールンベルグに場所を移した世界最大の党大会に七五万人を集め、祭典の興奮は熱病のようにドイツを覆っていった。ゲッベルスはメーデーの成功に続いてヒトラーの誕生日、収穫祭といった祭日を次々に増やして国民を幻惑しておき、一方でヒトラー賛美のゲッベルス演説が長時間ラジオから流れた。だが、ユダヤ人の排斥、強制収容所に入れられた反体制派の人々、秘密警察ゲシュタポの残虐行為という独裁体制の裏で行なわれる陰惨な事実から大衆の目は逸らされていた。

ここでゲッベルスは放送部門を担当するオイゲン・ハダモウスキーと謀って、海外放送をもってナチ主義と表裏一体にある再軍備と侵略的意図を隠すための対外宣伝を行なうことになり、「最初は軽く徐々に重くする」という方針と五ヵ年計画を策定した。そしてツェーゼンに高さ七〇メートルの送信タワーと強力な短波送信所を設けて海外諸国向けに一二の波長で放送を行なった。

△国民の眼を晦ます歓喜力行（喜びを力に）のための豪華客船プリンツ・ヴィルヘルム・グストロフ号。▽ナチ体制の目玉、国民車フォルクスワーゲンの公表式で中央演壇上にヒトラーが見える。

当時、世界の

海外放送は英国は一六、米国は一一、ソビエト六、イタリア四、フランス、日本は各三波長であった。ベルギー向けはケルンの放送局から、デンマークへはブレーメン、ハンブルグ、シュテチンから、チェコスロバキアへはブレスラウとグライビッツ、オーストリアへはミュンヘンから電波が送られた。また、フランスが占領中の旧プロイセン領アルザス・ロレーヌへはフランクフルト、フライブルグ、シュツットガルト、トリエールから包囲するように電波が流された。最初、米国向け短波放送電波は一日一時間四五分であったが、一九三六年には三四時間三〇分となり実に二〇倍になった。

一九三三年から三六年の間にヒトラーは国民の反対と海外からの介入を受けずに再軍備を進める必要性があった。まず、さまざまな制約を受ける厄介な国際連盟を脱退するかどうかを決めるために、一九三三年九月に外務大臣コンスタンチン・フォン・ノイラートが率いる外務省の権益を無視して、ゲッベルスがスイスのジュネーブへ送り込まれた結果、帰国後わずか半月で「他の列強諸国がドイツの同等権利を認めない」という理由をもって国際連盟を脱退した。

すでに、この時期には世界中のドイツ大使館には宣伝要員が配置されていたので、ゲッベルスは一九三三年秋に長文の秘密訓令を送った。第一に「国内で進められる軍備の変化（再軍備）を迅速にもたらすには、国連と折衝するよりも脱退する方が国益にかなう。だが、海外宣伝においてはこうした意図はないとする方針」である。第二に海外の世論を緩和するために「ドイツはあらゆる問題について平和的な解決を求めているが、現在のところ、この方策以外に取るべき道がない」ということを異なる手段をもってアッピールせよというものだった。

また、ゲッベルスは諸国の新聞を買収、あるいは裏で資金を援助してドイツに有利な記事掲載の宣伝策を試みたほかに、国策企業であるドイツ通信社と契約すればニュースは無料で提供されるといった特典も与えた。こうして世界でドイツ語新聞三〇〇紙とそれ以外の新聞五〇紙がゲッベルスの自由になったが、ゲッベルス自身は外国訪問の経験はイタリアとスイス以外にはなかった。そして、このような外国の文化や心理に無頓着なドイツの宣伝大臣が一九三四年に使った二億六〇〇〇万マルクという莫大な海外宣伝費用のわりに多くの試みは失敗に終わった。

ベルリンのドイツ放送局。ゲッベルスの宣伝上の最大武器はラジオ放送だった。

ゲッベルスは海外記者の啓蒙と啓発という理由をもって、一九三四年四月一日に最初の記者会見を行なった。このとき、「英仏では政治的な重要問題について政党間で意見が異なっても、国民的議論は指導層によって一定のフレーム（枠）の中に囲い込まれる」と述べて、外国の政治をまったく知らないことを暴露してしまった。とくに完全な「反ナチ・ドイツ」の立場をとる米国に対しては幾つかの宣伝戦を試みたが、結果的に米国世論の操作は不可能であるとさじを投げてしまったほどだった。

そうした一つの工作は年俸二～三万ドルを投資して米国の著名な宣伝家であるアイヴィ・リーと契約を結ぶと、リーはドイツに来てゲッベルスと会談して助言を行なった。もっとも、リー自身はユダヤ人ボイコットとナチ主義価値観を押し付けるゲッベルスの宣伝手法に対しては軽蔑的であった。なにはともあれ、リーはゲッベルスに米国におけるナチ主義宣伝を中止して、在ドイツ外国人記者との親密さを深める方策を勧めた。

これによりゲッベルスは、一度は外国外交官と特派員たちを招いてレセプションを開いた。だが、こうした方法はゲッベルスには向かず、結局、ナチ体制をこっぴどく批判する特派員たちの追放という手段を取った。そうした中の一人、ノーベル文学賞を受賞したドロシー・トンプソンはヒトラーを小人物と書き、ニューヨーク・イブニング・ポスト誌の特派員だったヒューバート・レンフロ・ニッカーボッカーはのちのピューリッツアー受賞者である。そして、『ヒトラーの戦争準備』を書いたリーランド・ストウもいたが、結局、追放後に彼らは有名なジャーナリストになり、ゲッベルスは世界のジャーナリズムを敵に回すことになったのである。

一九三四年六月三十日に突撃隊指導者エルンスト・レームの排斥と、陸軍高官らの突き上げによる突撃隊（ＳＡ）縮小の求めを契機として、有名な「長剣の夜」の血の粛清により一五〇名以上の血が流されてヒトラーは権力体制を強固にした。大虐殺の翌朝、ゲッベルスはヒトラーの悲劇的で孤独な顔を強調する写真を準備した。そして、ゲッベルスは次のように演説した。

「ヒトラーはドイツが生きるために血を流すことを強いられたもう一人のジークフリート（ドイツの叙事詩に出てくる英雄）である。総統の顔は誤り導かれた旧い僚友たちの死に対して深い悲しみを湛えている。総統自身がそう述べたのではないが、その行動はより高度な力によって決定されたもので、総統自身『私は神意の定める針路を夢遊病者のように行く』と語るが、事実、総統は国民という海の中に聳える岩石であり、ドイツと世界の杞憂を一身に背負い、総統だけが共産主義とユダヤ人から人々を救済できるのだ」

ゲッベルスはヒトラーとヒンデンブルグを並べたポスターで誰を選択すべきかを視覚に訴えた。

また、もう一つの大衆啓蒙をゲッベルスは行なった。それはヒトラーと第一次大戦時の英雄ヒンデンブルグ大統領が並ぶ写真を広く配布して国民に知らしめたことである。これは、広く愛される力量感にあふれたヒトラーと力の切れた状態の老ヒンデンブルグ大統領を並べることで、誰を支持すればいいのかを視覚によって明確に、そして一目瞭然に選択させようとした策だった。

ゲッベルスは「父のようなヒンデンブルグ

大統領に向いた総統の顔は僚友を無情な死により失った深い悲しみに満ちている」と述べたが、実態は「父のような」とはゲッベルスの造語であり、反対に老ヒンデンブルグ大統領も「あのボヘミアの伍長」と呼んでヒトラーには眼もくれなかったのである。

「長剣の夜」の謀殺についてゲッベルスはラジオ放送をもって、突撃隊の指揮官だったエンスト・レームの謀議主導とその一党の処分があったと発表したが、さまざまな不都合なことはすべてレームのせいにしていた。国民のショックがかなり和らいだかと見られる七月一日になってから、ゲッベルスはまたラジオ放送を利用して「我が政権は世論に対して真実を隠さず、すべての事実を明らかにして国民それぞれが取るべき行動を知るべきである」と事態の沈静化を図ったので、大衆は悪者の突撃隊（ＳＡ）に対して善者であるナチ主義の勝利だと見なしたのである。

こうして、ヒトラーを国家総統に押し上げてゲッベルスに暴力という力を与えていた褐色シャツの突撃隊は政治的な力を失い、代わって黒い制服のヒムラーの親衛隊（ＳＳ）が国民の生殺与奪の権を握ることになり、ゲッベルスもまた親衛隊と手を組んで大衆の洗脳宣伝に邁進するのである。

一九三四年八月二日、大統領フォン・ヒンデンブルグ元帥が八七歳で永眠した。元帥は生前に近親者葬儀を指示していたが、ゲッベルスは朝九時に国民向けに簡潔な放送を行なったのちに、この近親者葬儀をまったく無視して徹底的に政治的利用を図った。第一次大戦時の対ロシア戦で大勝利した東プロイセン（バルト海沿いの地域で現在はポーランド、ロシア、リトアニアの一部）のタンネンベルグへ遺体を移して党大会に劣らぬ葬送ページェントを演出した。このカイザー（皇帝）を愛する君主制主義者でヒトラーとゲッベルスを嫌ったヒンデンブルグの人となりはさておくとして、ゲッベルスは平気で遺書を偽造して世間に発表した。遺書の内容に見られるヒトラーを「わが首相」だとか「西欧文明の担い手」といった語句や文体はゲッベルスの文章そのものであった。ヒンデンブルグ元帥の遺書の捏造話は世間に広まったが、ゲッベルスは「宣伝に不動の原理はなく、必要に応じて柔軟に生まれてくるものである」とうそぶいて意にも介さなかった。

ドイツの長年の宿敵はフランスである。ゲッベルス率いる宣伝省の秘密工作に従事する幹部宛ての極秘通達は、フランスに対して平和協調を浸透させることを指示していた。一九三五年秋に国際ペンクラブ会長で平和主義者のフランス人作家ジュール・ロマンは、自由主義を論ずる著書を焼き捨てたドイツの「焚書」について抗議文を送っていた。他方、若いドイツ人でフランス人の妻を持つオットー・アベッツはドイツ＝フランスの文化交流を期待する人物だった。

「長剣の夜」でヒトラーに粛清された突撃隊を率いていたレーム。

このアベッツはドイツ青年をフランスへ送って草の根交流を果たそうと考えて、ジュール・ロマンに協力を仰ぐとともにドイツでの講演を要望すると、ロマンはこれに応じて一九三四年十一月にベルリンへやってきた。このとき驚いたことに、沿道には数千名のヒトラーユーゲント（ヒトラー青少年団）が立ち並んでファンファーレを吹奏し、ベルリン大学の前では数百名の親衛隊員が大歓迎をした。翌日、ゲッベルスはロマンに面会して「総統はあなたの講演に感銘を受けている」と伝えるとともに、「両国の親善は大きく発展した」と語り、翌朝の新聞各紙に大きく報道された。この大袈裟な演出によってなによりもロマン自身が両国の親善に大きく貢献したと信じ込まされたのだった。

ゲッベルスはフランスと英国の新聞相手に幾つかの手を打った。フランスのパリ・ソワール紙とパリ・ミディ紙にヒトラーの単独インタビュー権を与えることで、ドイツ脅威論を否定するという隠された意図を達成した。英国ではフランスほどではなかったが、ロンドンにあるサンディ・エキスプレス紙がゲッベルスのナチ残虐行為の否定論文を掲載し、デーリー・メール紙はナチ政府の指導者たちとの単独インタビュー記事を掲載したが、これは知らずにゲッベルスのドイツ不脅威方針の宣伝に乗せられていたからである。

ゲッベルスは総統伝説を創造するためにナチ党が行なう集団的示威行動（パレード）を利用していたが、国民感情を操作してゆくには巨大な集会がより効果的であると見なして、「巨大な渦巻きの中で小さい人間は変身してしまい、参加者も傍観者も総統中毒になった」と述べている。こうした集会は一般に夜の八時以降に行なわれたが、これは人々の抵抗心が減退して説得に対してもっとも効果的な時間帯であったからである。ニュールンベルグのナチ党大集会では五〇万人の警備隊と、二〇〇〇万旒の巨大な鉤十字の「のぼり旗」を手にした制服の人々が会場を埋め尽くし、中央の最も高い壇上にヒトラーが立って前面を通過する巨大な行進団を睥睨した。

ニュールンベルグ党大会の演出はヒトラーのお気に入りの建築家で党建築責任者のアルベルト・シュペァが行なったが、夜間に大会会場の周辺に一三〇基もの巨大なサーチライトを一二メートル間隔で設置しておき、直線に上空に放たれる多数の光線流が照らし出す光景は「光の大聖堂」と呼ぶ独創的なものだった。一九三六年の党大会では神秘性を演出する「たいまつの火行列」が行なわれた後で、一五〇基のサーチライトを群集の上空の一点に集中させて巨大な光の丸屋根を空に浮かべることで観衆を放心状態に導いた。

「巨大な渦（集会）の中で人々は総統中毒になった」とゲッベルスは語った。

加えてシュペァは中央演壇上に三〇メートルの巨大な鷲を飾り、式典でファンファーレが鳴り響くとヒトラーが好むバーデンワイラー行進曲（第一次大戦時の一九一四年のバーデンワイラーでの対フランス戦の勝利を祝す行進曲、ドイツ軍楽隊長ゲオルク・フュルスト作曲）が演奏される中をヒトラーが演段へ向かって歩いた。そして、突然に甲高く激しい命令が下されると、演壇上のヒトラーに向かって三万旒の旗がひれ伏した。

式場の群集の眼が中央演段に集中すると、そこに男が一人で腕を振り上げて立っている。男は群集に向かってお説教のような演説を多数の場内スピーカーを通じて一時間も行ない、会場はヒステリーのような盛り上がりを見せた。主題は陳腐な愛国的なもので偉大なドイツを復活させるナチ党の戦い、民主主義国家の退廃、ユダヤ人とボルシェヴィズム（過激主義）の害について語った。

総統の演説が終わると旗が少し下げられて五〇万人の人々が国歌の「ドイツよすべての上にあれ（ドイッチュラント・ユーバー・アレー）」を歌い、続いてゲッベルスにでっち上げられて党歌となった「旗を高く掲げよ」が合唱された。

一瞬、静かになった群集に向かってヒトラーは金切り声を張り上げて、「ハイル！　私の人々よ！」と呼び掛けた――これは、「私の総統」というフィーリングを与えて大衆の心をつかむ――すると、群集は「ハイル！　私の総統！」と応えるのである。ヒトラーはそれから一方の手で新しい党旗を手にし、もう一方の手で銃弾痕のある血染めの布をつかんでいた。それは、一九二三年に不成功に終わったナチ主義者による反乱時の殉教者の血塗られた旗だった。

再びファンファーレが鳴り響き、連続してドラムが叩かれてパレードは騒然とした雰囲気の中で終了して、合唱と旗の波の中で鉤十字旗の下を総統が通過して行った。

ヒトラーは感情的な大衆を女性に例えていたが、事実、もっとも狂信的でヒステリックになったのは女性たちであり、ヒトラーは常々「私の子供の父親となって欲しい」と請願する女性の崇拝者たちから多くの手紙を受け取っていた。

ヒトラーの進める再軍備というドイツにとって大きな転換点がやってきて、一九三五年三月十六日にゲッベルスは宣伝省に内外の記者を集めて大掛かりな記者会見を行なった。百数十名の記者が詰めかけると、国防軍の再建と徴兵制度の復活および三六個師団の常備軍による再軍備が発表された。ゲッベルスは発表を続けて「世界はドイツの再軍備状況を明確にせよとしてベールに包まれた事態に注目しているが、今、総統は真の状況を認識して歴史的決断をした」と重々しく語った。ドイツのジャーナリズムはこのゲッベルスの「決断と論理」という一方的で傲慢ともいえる論説を掲載した。このような事態に対して英国、フランス、イタリアの諸国はイタリアのストレーザーで対策会合を開いたが、抗議文を発表しただけで終わってしまった。

一九三五年六月十八日に英独海軍協定が結ばれて、ドイツは対英比率三五パーセントの海軍力の保有が認められると、ゲッベルスはこれを利用して「協定によってドイツの平和的な政策が確認された」と発表した。一方、イタリアの独裁者ベニト・ムソリーニはアフリカのアビシニア（エチオピア）へ武力侵略を行なっていた。

大西洋の彼方にある米国のルーズベルト大統領は、一九三六年一月三日の新年にワシントンで議会演説を行なったが、独裁、軍備拡張、侵略について厳しく非難した。この演説を聴いたゲッベルスは、ヒトラーとナチ党の将来にとって米国こそが最大の敵となるであろうことを予測したのである。

一九三六年三月七日、ドイツの主要な新聞編集責任者と外国特派員が宣伝省内にあるポンペイの間へ召集されて、ゲッベルスが仕掛けた大宣伝作戦に組み込まれてしまった。これは第一次大戦の結果であるヴェルサイユ条約と一九二五年のロカルノ条約に基づいて、非武装地帯となっていたライン川西部一帯のラインラントへヒトラーが電撃的に武力進駐を行なったからである。招集された新聞記者たちは自由を奪われてゲッベルスの掌中にあり、バスに詰め込まれて空港へ到着すると、待機していた飛行機でラインラント上空へ運ばれて進駐の様子を空から見せられた。

その日、議会は沸きたち、ラジオ放送は高揚したトーンのアナウンサーの声がドイツ国内はもとより、短波放送によって海外へも報じられた。この水も漏らさぬ周到なゲッベルスの宣伝によって、ドイツ有権者の九〇パーセント以上がヒトラーのラインラント進駐に賛成したのである。

一九三六年にゲッベルスは働き盛りの三八歳になっていた。この年はベルリン・オリンピック開催年であり、ゲッベルスはヒトラーから渡された資金で上流階層の人々が立派な別荘を構えることで知られるベルリン西部にあるヴァンゼー湖のシュヴァネンヴェルダー島に別荘を構えた。この年の八月初旬にゲッベルスは生涯最大のパーティーを開いてドイツの名士たちと英、仏、米など諸国の外交官らを招待した。

スポーツの祭典オリンピックは宣伝省の管轄であり、ゲッベルスはスポーツはドイツ国家の国威発揚と愛国心の育成に重要な役割を果たすと考え、そのために優秀なアーリア人が勝利しなければならないと周囲に語っていた。そのような例証の一つとして、同年六月にドイツの年配ボクサー・マックス・シュメリングと米国の黒人ボクサーのジョー・ルイスの試合が、ニューヨークのヤンキー・スタジアムで行なわれてドイツ人のシュメリングが勝利した。この勝利はドイツ人の優越性の観点からゲッベルスに最大限利用されて盛大な帰国凱旋パレードが行なわれた。

しかし、世界の一般論として政治、人種差別、スポーツを一体化するナチ政権に対して、オリンピックの精神に反するのではないかという理由によりベルリンでの開催反対の声がしだいに高まっていた。そうした中であったが、ゲッベルスにとってオリンピックは絶好の国威発揚宣伝の場であり、海外からオリンピックを観戦しようとやってくる人々の心をコントロールする準備が着々と実施されていった。

ゲッベルスにとって、1936年開催のベルリン・オリンピックは絶好の国威発揚の機会となった。

外国からの訪問者を迎えるためにナチ党と宣伝省は反ユダヤ主義の過激な政策をしばらく遠ざけて、ホテルやレストランにあった「ユダヤ人立ち入り禁止」の掲示や差別ポスターなどは街頭から一時撤去された。加えて、激しい反ユダヤ論調を張るユリウス・シュトライヒャーのデァ・シュテルマー紙は売店の窓口に置かれなくなったので、一見すれば過激な反ユダヤ運動は停止か大きく減じられた。こうして入念に計画された海外からの訪問者受入態勢の中へ入ってきた人々は、ゲッベルスの宣伝省の演出に惑わされて、噂になっている強制収容所、ユダヤ人の迫害、残虐なゲシュタポなどは目に入らず、ベルリンでは快適に過ごすことができた。もっとも、米国の黒人選手がスポーツの舞台でアーリア人を圧倒して、素晴らしい活躍を見せるところとなったのは皮肉なことであったが、全体として見ればゲッベルスの政治宣伝ショーは成功したのである。

一九三六年十月三十日にベルリンのスポルト・パラスト（スポーツ宮殿）でゲッベルスはドイツ最高指導層の一人として、大聴衆を相手に過去一〇年を振り返る誇張的な演説をしていた。この演説会にヒトラーが急遽加わり「ゲッベルス博士、君なしに我々は世界最大最強の宣伝機関を造り上げることはできなかったであろう。ドイツの歴史から博士の名が消えることはない」と褒め讃えた。だが、この年の十二月二十七日にいつの間にかゲッベルスによってドイツ国民に配給制度が敷かれていたのである。

ドイツにとって一九三六年は多事であった。スペインで右派反乱軍を率いるフランシスコ・フランコが左派人民戦線のスペイン共和国政府に対して武力闘争を起こして内戦となり、ヒトラーはフランコ将軍の要請に応じて陸・空・海軍からなるコンドル義勇軍を派遣して支援した。他方、スペイン共和国政府はソビエトに支援を求めてスペイン国内の戦場はさながら列強国の代理戦争の観を呈した。

ここで、ゲッベルスは初めて戦争を宣伝することになったが、これは、それから続く第二次世界大戦の宣伝戦の予行演習となった。コンドル義勇爆撃飛行隊はユンカースＪｕ87シュツーカ急降下爆撃機やハインケルＨｅ111爆撃機の編隊をもって、スペインのビスカヤ県のゲルニカの村を無差別爆撃により地上から抹殺して、人道上の罪を犯したと世界から非難された。だが、ゲッベルスは一九三七年九月九日に演説を行なって、もし、フランコ将軍が敗北すれば共産主義による混乱が到来して西欧の文化は危機に瀕すると煽り立てた。そして、もう一方の手で「共産主義赤化の脅威」を針小棒大か、あるいは捏造してジャーナリズムを通じて世界へ流布する宣伝戦を挑んだ。

1936年に始まったスペイン内乱は第二次大戦の予行演習となった。コンドル義勇軍のJu87急降下爆撃機。

この年の十一月三日に米国ではフランクリン・デラノ・ルーズベルトが大統領に再選されて世界の政治ニュースは沸いたが、独裁国家を敵視するルーズベルトはゲッベルスにとって最大の敵の一人であった。このためにドイツではこのニュースは無視されて、ほんの数行の記事が掲載されただけだった。ルーズベルトは「世界の九〇パーセントの人々は自由であり国際法を重んじて平和を希求している。だが、一〇パーセントの独裁国家は秩序を破壊して戦線布告があろうとなかろうと世界に無法（戦争）という伝染病を拡散させて、遠く離れた国々へも恐ろしい影響を与える」と演説した。

ルーズベルトはナチ・ドイツの戦争準備に関する危険性を訴えたのだが、ゲッベルスはその率直さに驚くとともに真意をすぐに理解した。そして、ルーズベルトと総統の違いについて、「我が総統は平和の持続に集中すればいいが、ルーズベルトは選挙のために戦争の危険を絶えず訴えねばならない」として数ヵ月にわたる宣伝戦を展開した。

この年にゲッベルスは多くの国民の信仰の基盤であるローマ教皇を最高指導者とするカトリック教会の迫害を、宣伝組織を動員して展開した。カトリック神父のスキャンダルが捏造され、同性愛容疑がかけられてゲッベルスが握るジャーナリズムによって報道されて煽られた。だが、奇妙なことにゲッベルスも子供たちもカトリックであった。結局、大衆はゲッベルスの扇動を信用せずにこの計画は失敗に終わった。

第8章　世界最大の宣伝機関

一九三三年以降、宣伝省は急速に拡大したために、ヴィルヘルム広場に面するプリンツ・レオポルト宮殿の本部は手狭になり、周囲の建物を買収してマウアー通りに沿って新たに五階建てビルが建設されると五ヵ所の入り口が設けられ、ゲッベルス、第一、第二、第三次官、そして来賓の専用口は二ヵ所あった。今や宣伝省は五〇〇室以上の大世帯となり、地下には職員用の二〇〇〇人以上を収容できる大食堂が設けられた。大戦末期の一九四四年の宣伝省の所有ビルは二二ヵ所あり、借り上げたビルは三二ヵ所にもなっていた。本部には多数の大小会議室のほかに宣伝省らしく、ニュース・フィルムと映画を上映する大小の映写室、録音室のほかに記録保存所などもあった。

宣伝省の組織は大臣のゲッベルスを筆頭にして次官三名、理事四名、局長八名、部長七名、課長二二名、役職者六三名からなっていた。要員は一九三三年の発足当時は職員一五〇名と臨時職員二〇〇名のみであったが、三年後の一九三六年初頭になると職員八〇〇名と臨時職

1940年に完成した新宣伝省でレオポルト宮殿を増築したものである。

員一五〇〇名、翌一九三七年にはなんと三〇〇〇名となり、最盛期の一九四二年には宣伝省に属する人々は一万五〇〇〇名になっていた。

身長一メートル六五センチの小男で、自己以外に人を信じることのないゲッベルスは、今、自分の領土における唯一の権力者に登りつめた。宣伝省大臣室の床は赤色と青色の素晴らしいコントラストを見せる絨毯が敷かれており、立派な部屋に豪華な装飾を施した黒いマホガニー製の巨大なデスクと、ルネッサンス風の高い背もたれのある椅子に座っていたが、デスク上にはブロンズ（砲金）製スタンドと花瓶だけが飾られていた。窓際には会議用の丸テーブルと赤色の気のきいた椅子があり、壁の中央にはヒトラーの大肖像画とその左右にレンブラントとルーベンスの絵画が飾られていた。もともとゲッベルスはかなりの近眼だったが、見栄っ張りなために眼鏡を常用せずに大臣室に入った時だけに用いていた。

このような事情があったので宣伝省内のゲッベルスへの報告書はヒトラーと同じように、普通文字の三倍の大きさの活字を使う特製タイプライターで作成されていた。また、ゲッベルス専用色として緑色のインクと鉛筆が用いられて、種々の書類の訂正や書き込みなどが一目で識別できた。デスク上に置かれた専用のガラス板の中央部に新聞や書類を配しておき、ファイルはデスク上のガラスの縁と一直線上になるように置くというような、ゲッベルス独特の整理整頓好きが秘書をはじめとして直接関わる職員らの神経をぴりぴりさせた。

ゲッベルスは宣伝省職員の私的時間を認めず、とくに直属として働く者は大変な気の使いようで、気に入られなければすぐに部署を追われるか降格された。当時、ゲッベルスの連絡係りを務めたインゲ・ヒルデブラント夫人は、ゲッベルスが宣伝省内のある部署に現われると周囲は重い雰囲気になり、職員たちは彼が喋る独特の皮肉に満ちた一人芝居を聴いていちいちごもっともと相槌を打ったが、彼が大臣室へ引き揚げて行くとほっとしたものだったと述べている。

宣伝省の頂点に立った大臣執務室のゲッベルス。

大臣室の周囲には副官室、個人秘書、新聞担当秘書、速記者室などがあった。ゲッベルスの特徴は常に速記者を傍に置いて宣伝大臣の言葉をすべて記録させていたことである。宣伝省の警備隊指揮官だったカール・メーリスによれば、宣伝省には毎日五〇〇〇通以上の手紙が届いていたが、ゲッベルスはその日のうちに返書を出すように命じていたという。また、ゲッベルスへの面会者は日に数百人がやってきたが、直属の職員かゲッベルスが許可した人々、あるいは映画俳優や女優らを除いて面会はしなかった。

ゲッベルスの一九三五年の収入は閣僚として月に一七五〇マルクとヒトラーが積み増した三〇〇〇マルクを足しても六〇〇〇マルク程度であり、他の政権幹部が権力乱用や秘密な手段で得ていた収入に比べれば格段に少ないものだった。しかしながら、なんと機密費として年に四五〇〇万マルクが自由に使えたのである。確かにゲッベルスは金に関しては他のナチの指導者と異なり、公金を私用に用いることはなかったと周囲の人々は証言している。

宣伝省の予算は莫大なものであり、一九三五年以降から経常予算が六七〇〇万マルクと臨時予算六五〇〇万マルク、そし大蔵省は海外宣伝予算として三五〇〇万マルク、政治宣伝工作の拠点である「海外通信」という組織に四〇〇万マルク、そして国策ドイツ通信社（DNB）に四五〇〇万マルク、演劇・映画界に四〇〇〇万マルクを支出した。

今やゲッベルスはナチ・ドイツの要人となり、言動は穏やかにそして威厳を保たねばならなかった。このために、かつての攻撃的で風刺に満ちた鋭い論説は消えていた。しかし、ヒトラーの再軍備により景気が回復して大衆の職が安定すると、人々はゲッベルスが発表する右肩上がりの統計数字を信じて将来に希望を抱くことができた。もっとも、こうした盛り上がった社会の状況下ではゲッベルスの宣伝省がなくても国民はヒトラーとナチ党を支持したであろう。

あまりに大きな権限と組織を有するようになった宣伝省は、もはや、政府の一省というよりも政府が宣伝省の一部といったほうが良いくらいであった。何故かといえば、政府の政策の決定と実行については、「国民をどう熱狂させるか」「国民に受け入れさせるにはどうしたらいいか」「海外諸国の非難を避けるにはどうするべきか」という宣伝的見地から検討されたからである。かつてゲッベルスが唱えた「宣伝は目的への一手段」ではなかったのか。今、国民はゲッベルスの生み出した「ユダヤ人の災害」「血と大地」「ドイツよ、目覚めよ」といった、何百というスローガンの渦の中に漬けられる宣伝の虚構の中に放り込まれて現実から遠ざけられていた。

宣伝省製作のポスター。「諸君は総統に従うか！　そうだ！」。

一九三七年末に世界に先駆けて高速道路アウトバーンの一期計画二〇〇〇キロが完成して、ゲッベルスは「ヒトラーのアウトバーンは平和への物証である」と称賛する演説を行なったが、真の目的は装甲師団や機械化部隊の迅速な移動用の軍事道路であった。

ゲッベルスはマクダに月

額五〇〇〇マルクだけを渡したが家計は楽ではなく、ゲッベルス家は度を越えた節約ぶりであったと召使いたちが後に語っている。ゲッベルス自身はヒトラー政権のゲーリングやリッベントロップら桁外れの浪費家らとは異なるとはいえ、暮らしぶりはかなり派手で、別荘の召使いや専用船数隻、そして幾台かの高級車、加えて映画女優たちとのデートに精を出すために服装には気を使った。ゲッベルスは、別荘、私邸、宣伝省の自室などに分散して数百着の背広があり、全般的に白色の統一ファッションを好んだが、紫外線ランプを用いて日焼けした顔は白い服装とよく似合った。靴も一五〇足以上あり、下着やワイシャツは必ず一日に二回取り替えた。

昔から演劇を好んだゲッベルスはドイツの舞台演劇を掌握すると、改革と称して著名で優れたユダヤ人芸術家、舞台監督、演出家を追放し、寸劇界においても権力に批判的な風刺や比評を許さず、ヴェルナー・フィンクといった人気風刺芸人らは強制収容所へ送られた。宣伝省映画局はゲッベルスが重点を置く重要部署であらゆる映画の製作に干渉した。

一九三三年九月に設立された帝国文化院の総裁はゲッベルス自身で、副総裁は第一次官のヴァルター・フンクであった。この文化院は完全な宣伝省の管轄下にあり、宣伝省の映画局は文化院の映像評議会を、音楽局は音楽評議会を、演劇局は演劇評議会を、芸術局は芸術評議会を、文学局は文学評議会を、放送局は放送協議会を、国内報道局は報道評議会をそれぞれに監督した。そして、あらゆる分野の専門家たちはすべてこの組織に加入しなければ活動できなかったのである。

ゲッベルスは国民を洗脳するには映画がラジオ放送と並んでもっとも効果的な宣伝手段だと理解していた。映画を管理する宣伝省映画局の組織は大きなもので、映画製作にあたっては幾つかの部において詳細に検討されてから数ページの企画書が作成されるが、重要な部分でゲッベルスが関与した。脚本の段階に進んでも絶えずゲッベルスの指示で内容や俳優の変更が頻繁に行なわれ、試写にも必ず出席して撮り直しや部分カットを細かく命じたが、こと映画に関しては鋭い観察眼があった。また、やっと映画が完成してもゲッベルスが気に入らなければ日の目を見ることはなかった。

その一方でゲッベルスは権力を利用して、自分の好みの映画を別に鑑賞していた。例えばソビエトのユダヤ人監督エイゼンシュタインによる『戦艦ポチョムキン』、ユダヤ人で反体制派のフリッツ・ラング、エルンスト・ルビッチも好みであった。第二次大戦中も英国やフランス映画を好んだし、米国のハリウッド映画は表面的に我々の役に立たないなどといっていたが、密かに鑑賞していた。

他方、ナチ党の宣伝映画も製作したが、『ヒトラー・ユーゲント（ヒトラー青少年団）・クベクス』『突撃隊員ブラント』、そして、あの死後になってからゲッベルスによって嘘で固められた英雄ホルスト・ヴェッセルの物語などがあったが評判は悪かった。

映画が大好きなゲッベルスと映画界との関わり方は異常なほどで女性関係は有名なものだった。美人女優たちをベルリン＝ポツダム間のハーフェル川に浮かぶシュヴァネンヴェルダー島の別荘に招いての毎週のパーティー、そして宣伝省の大臣室におけるティー・パーティ

ゲッベルスの特別な関心は映画であり、さまざまな製作過程で関与した。
UFA 映画撮影所を訪ねたゲッベルス（右端）と左隣はヒトラー。

▷1933年の映画『ヒトラー・ユーゲント・クベクス』の宣伝ポスター。
◁1933年の UFA 映画『突撃隊員ブラント』の宣伝ポスター。

ーが頻繁に行なわれたが、小男で皮肉屋ながらも魅力のある権力絶頂の宣伝大臣へ女優たちは自ら身を投げ出したという。だが、このご乱行のつけはゲッベルス自身に回ってきて、妻のマクダが若いノルウェー人と恋に落ちるなどいろいろとあったが、表面的にはゲッベルス家はもとの平和にもどった。

△ベルリン郊外のシュヴァネンヴェルダーのゲッベルスの別荘（２００５年撮影）。▽有名なゲッベルス（右）の3回目の恋愛の相手は女優のリダ・バーローヴァ（中央）だった。

そのような一九三七年の夏にシュヴァネンヴェルダーのゲッベルスの別荘近くにドイツ映画界の大スターだったグスタフ・フレーリッヒが家を購入した。このフレーリッヒはチェコ生まれの女優リダ・バーローヴァと同棲していたが、あるときマクダの希望により映画スターのフレーリッヒがゲッベルス邸へ呼ばれた。フレーリッヒはバーローヴァを連れてきてゲッベスルに引き合わせたのが最初の出会いであったが、ゲッベルスはバーローヴァに夢中になり二人は恋愛関係になった。これはゲッベルスにとって三人目の本当の恋愛であり、やがてヒトラーをも巻き込む事件となるのである。

一九三八年初めにヒトラーは秘書と結婚した国防大臣ヴェルナー・フォン・ブロムベルグ大将に彼女は売春婦だったと言いがかりをつけて辞任させ、ドイツ陸軍総司令官ヴェルナー・フォン・フリッチェ大将を同性愛者の嫌疑をかけて罷免した。またナチ主義を嫌った陸軍参謀総長のルートヴィッヒ・ベック大将を引退させると自らが国防軍最高司令官となり、代弁者として国防軍最高司令部総長にヴィルヘルム・カイテル大将を登用して、すべての軍事指揮権を獲得した。

一九三八年三月十三日にゲッベルスはドイツによるオーストリア併合を公表すると、いつものやり方で住民投票を実施して九九パーセントの賛成票をもって併合を支持させた。

そのような重大な国家的問題が続発する中でゲッベルスはマクダと離婚して女優バーローヴァと一緒になろうとして家を出ると、マクダはゲッベルスの副官のハンケと短期間だが恋愛関係になった。そして、マクダがゲーリング夫妻に夫と女優バーローヴァとの一件を語るとゲーリングはヒトラーに連絡し、ヒトラーはゲッベルスを呼んで大臣に私的自由はないと宣言した。しかし、引っ込まないゲッベルスと話し合いの結果、一年間バーローヴァとの面会を禁ずるが、それでも気持ちが変わらなければという条件を出した。

バーローヴァの出演映画は上映禁止となり、親衛隊も女優の周辺へ圧力をかけたので一九三八年末にチェコスロバキアへ逃げるようにもどっていった。ゲッベルスの権力の座は揺ぎ出したかのように見え、次の宣伝大臣はヒトラー・ユーゲントの指導者バルドゥール・フォン・シーラッハや党理論家のアルフレート・ローゼンベルグの名が囁かれ、ゲッベルスは自分の政治的生命が終ろうとしていることを感じ取っていた。

海外宣伝を巡ってゲッベルスと犬猿の仲だった外務大臣のＶ・リッベントロップ（中央）とヒトラー（右）で1936年、ブレスラウにて。

だが、ヒトラーはベルヒテスガルテの山荘にゲッベルスとマクダを呼びだして強制的に二人を元の鞘に収めたが、ふくれた顔をする二人の間に笑顔のチヨビ髭ヒトラーが入った写真が二〇〇万部を誇るベルリナー・イルストリールテ・ツァイトング紙をでかでかと飾った。こうした事件でゲッベルスの威信はかなり落ちていたが、ベルリン市から贈与された市近郊の美しい湖沼地帯の土地ランケに家を建てて相変わらず一夜の情事にうつつを抜かす日々となり、ゲッベルス家はまた破局目前の状態だった。

一九三八年二月にフォン・ノイラート外務大臣は

元貴族で横柄尊大なヨアヒム・フォン・リッベントロップと交代した。リッベントロップはゲッベルスに挑戦して海外宣伝を外務省に戻すことを提案した。すると、ヒトラーはゲッベルスの例の女優バーローヴァの一件にまだ立腹していて、海外宣伝に成果がないという理由でリッベントロップを支持したために、これ以来ゲッベルスとリッベントロップとの間は犬猿の仲になり、政策上のやりとりは文書だけになった。リッベントロップ外務大臣は世界に散っているドイツ大使を集めて、「チェコスロバキアあるいはポーランドと戦争になった場合、諸君の赴任国が反対しているという報告は受け付けない」と演説したが、このことを聴いたゲッベルスは戦争の臭いを嗅いだのだった。

ゲッベルス自身は打算的な理由から戦争は回避すべきであり、宣伝戦によって勝利が得られるならば流血は不要だと考えていた。そのために海外諸国が戦争を回避しようとして譲歩するまで脅し、ドイツ国民を扇動し続けて頂点へ導き、それから、絶望の状態まで引き落とすことを反復する。これにより、ある国家やある地域は手に落ちるのだと語っている。

まず、総統の目標がチェコスロバキアであることは明らかである。そこでゲッベルスは新聞とラジオ放送網を拡大して、「チェコ軍戦車がドイツ人を踏み潰す」「チェコの毒ガス攻撃」「チェコは掠奪者」「チェコは鬼畜」といった国民への影響力を強める神経戦を展開して恐怖を煽った。他方、チェコ国内におけるドイツ人に対する被害を誇大に宣伝しつつ、もう一方の手でドイツ空軍の戦闘機や爆撃機、陸軍の新鋭戦車と機戒化部隊の威力を前面に出して威嚇した。

ドイツ国内ではゲッベルスによる執拗で計画的な反ユダヤ・キャンペーンは、ユダヤ人への暴行、強制収容所送り、商店の破壊、略奪、ユダヤ教会シナゴークの焼失といった恐ろしい結果を招いた。これについてゲッベルスは「忍耐の限度がきた国民の怒りの爆発……」だと述べたが、これらの裏側での扇動はゲッベルスによるものだったと、宣伝省で国内新聞局長と放送局長を務めたハンス・フリッチェが第二次大戦後のニュールンベルグ裁判の尋問において証言している。

ゲッベルスは大衆を軽蔑して国民は自分が自由に管理できると考えていたが、国民のある人々は隣のユダヤ人をかくまうことに自分の命をかける者もいた。こうした事実が報告されるとゲッベルスは幾年もかけて飼育して檻の中に閉じ込めたはずの国民が、まだ自由意思を有していることに衝撃を受けるところとなった。

宣伝政策

一九三九年一月にヒトラーはゲッベルスを含む政権の最高幹部に対して戦争開始の趣旨を話した。時を移さずゲッベルスは二月二十五日に「戦争は近いのか」とする趣旨から始めて「戦争を煽るのは西欧州の国々でありドイツではない」と論じた。英国からの反応はゲッベルスの期待したとおり、チェンバレン首相は戦争を望まずという意思を込めてドイツ復興のための借款を付与するべきであると演説した。

ここで、ゲッベルスはチェコスロバキア全併合のための一大キャンペーンに転じると、ドイツ中の新聞に指令を発して「なぜドイツはチェコへ侵攻するのか」を主要記事のテーマとした。それらの理由はチェコ内におけるドイツ人の逮捕や殺人、ドイツ人家庭への暴行破壊、ズテーテン国境へのチェコ軍の集結や共産党の秘密会合等々であった。

一九三九年三月十五日の朝、チェコの首都プラハへドイツ軍戦車隊が行進していた。このチェコ進駐は英国を刺激して「ドイツの侵略からチェコ国民を守れ」という抗議行動が起こると、ゲッベルスは余裕を持って「大英帝国は世界中の植民地の異なる人種を大網に入れて搾取しているが、それは、人類愛からではなく無頼漢のやりかたである」と反論した。このような論争にのみ絞って見ればゲッベルスの宣伝戦の勝利であった。

ヒトラーは武力すなわち戦争の勝利によってあらゆる問題の解決を目論んだ。こうしたヒトラー・ドイツへの怒りや反発は宣伝と論争をもって阻止できるとゲッベルスは考えたが、それは、ゲッベルスの思い上がり以外の何物でもなかった。ゲッベルスが戦争は不要だと主張したのは「自分と同じように人もそう考えるであろうという自己催眠的」ブラックホールへ落ち込んでいたのである。

確かにチェコ進駐宣伝キャンペーンは局所戦術において成功したが、英国を完全な反ドイツ陣営に追いやってしまい、英国がドイツの侵略に備える対ポーランド協定、対ギリシャ協定、対ルーマニア協定を結んだのは戦略的な失敗であった。

一九三九年の四月から六月にかけてゲッベルスは、和戦両方の路線を巧みに用いた媒体論説を掲載して論争を続行した。

「ドイツは真実戦争を求めてはいない。だが、欧州に暗黒時代をもたらす戦争を求める者がいる。それは「ユダヤ人」であると全世界から指摘されるだろう」

　これは表面的には外国に対するものであったが、同時にドイツ国内で戦争を求める強硬派を意識した論争であった。

1938年10月にチェコスロバキアへ進駐するドイツ装甲師団の６輪重装甲車群。

　曰く「英国は世界最大の帝国である。略奪により食糧が余り留保金を持てあましているがドイツは持たざる国である」「ドイツとイタリアは賃金労働者階級（プロレタリアート）だが、収奪国家英国の富は多くの国々を圧迫している」「一方で余り、一方では飢える、これが欧州を緊張と不安定にする原因である」。

　この段階に限り、自分の思いどおりに進むという信じ込みの上に立ったゲッベルスの方策は、宣伝と論争によってヒトラー・ドイツの勝利を獲得できるとする戦争無用論だった。

　米国のルーズベルト大統領は戦争が勃発するのを見通して、一九三九年四月にヒトラーとムソリーニに対して、これからの一〇年間の平和の保証を求める提案を行なった。これに対してヒトラーは議会演説において、一九三四年のポーランド不可侵条約、一九三五年の英独海軍協定もドイツを拘束するものではないと挑戦的に明言した。

ゲッベルスはポーランドで吹き荒れているとする、ありもしない「反ドイツ虐殺」を使って恐怖宣伝を行なっていた。だが、本音として「この反ドイツ恐怖宣伝を新聞と放送をもって続行するが、英国はもう一度ミュンヘン会談を提案するので英仏との戦争は起こらないだろう」と語っていたとフリッチェがのちに述べている。

しかし、ゲッベルスのこの楽観的見通しはひっくり返った。宣伝省の国内新聞局長フリッチェは海外からの放送を傍受して、英国の論調が鋭く変化していることを指摘すると、当初は信じなかったゲッベルスも総体的な情報により英国が対独開戦をすると断ぜざるを得なかった。

そこで、ゲッベルスはヒトラーと会談するが、ヒトラーは外務大臣リッベントロップが英国から宣戦布告することはないであろうと報告されていると述べた。宣伝省にもどったゲッベルスは結果を尋ねたフリッチェに対して、「我々が六年もかけて作り上げた成果を七年目に破壊されてはたまらない」と怒りを込めて語った。

このときヒトラーは、ソビエトの独裁者スターリンを騙す独ソ不可侵条約締結をリッベントロップとともに進めていたのである。

ここで、反ソ・キャンペーンを行なってきた宣伝省は共産主義に対してくるりと向きを変える友好キャンペーンに切り替えねばならなくなった。一九三九年八月二十日に「政治的に重要なものではない」という意図の込められた準備報道として、「ドイツはソビエトと新通商協定を締結する」という報道が流されるとともに、ボルシェヴィズムの脅威を煽る論説や記事掲載の中止が命じられた。そして翌八月二十一日の午前十一時にドイツ放送によって独ソ不可侵条約締結が流されて、ドイツ国内と世界はあっと驚いた。それというのも、ヒトラー政権成立以前から共産主義は不倶戴天の敵であったからである。

ゲッベルスはジレンマを抱えることになったが、ヒトラーの電撃手法をカバーしなければならなかった。ゲッベルスの新聞デァ・アングリフ紙上では「共通の国際外交政策をとる二大民族は伝統的な友情基盤の上に立つ相互理解を……」と書かれた。すべてのジャーナリズムを独占するゲッベルスにして初めて可能なUターンであったが、情報管理で支配されたドイツ大衆はこれらをすんなりと受け入れた。

1939年8月20日に独ソ不可侵条約が締結され、ゲッベルスはこれまでとは正反対の宣伝を強いられることとなった。リッベントロップの後方左はモロトフ外相と右はスターリン首相。

他方、ソビエトもジャーナリズムは国家統制下にあり、代表団長のモロトフ外務大臣は「ファッシズム（軍国主義）は好みの範囲の問題」とぬけぬけと述べた。この期間のゲッベルスはほとんど無音状態であり、「英国がソビエトを引き込んでドイツ包囲を行なう謀略は失敗であった」と小キャンペーンを張った程度だった。

一九三九年九月一日に、ヒトラーはベルリンの旧帝国議事堂前にあったクロール・オペラハウスで帝国議会議員を集めた演説で、「今朝、五時四十五分、我が軍はポーランドの挑発に対して砲弾による報復で応えた……」とポーランドへの武力侵攻を発表した。この事態は各国の言語に翻訳されて地球上をかけ巡り、ゲッベルスは国民への痛打となることを承知の上で食料統制と配給制度を準備し、ベルリン市民には戦時を示す灯火管制を指示した。

ゲッベルスは宣伝省の大臣室でフリッチェを相手にして、「この戦争は長期間にわたり我我にとって厳しいものになるだろう。勝利で大衆を熱狂させるより義務を遂行する堅い決意を持たせることが大事だ」と語ったが、ナチ政府の指導者の中では誰よりも先行きを見通していた。この考えからゲッベルスは耐久性と弾力性に富む宣伝省の強化を精力的に行ない、その結果として、ドイツが破滅するまで国民を引っ張り続けるのである。

政治的宣伝の始まりは、二〇世紀初めの一九一四年～一八年の第一次大戦時に英国において行なわれたが、これはゲッベルスの国家規模の世論操作とは比較にならない極めて限定的なものであった。一九三九年までにドイツではすでに啓蒙宣伝は大規模にそして充分に機能していたので、ポーランド戦時にはドイツ国民の大多数はほぼ完全に洗脳された状態になっていた。この状態の下でゲッベルスはドイツ中の新聞編集責任者に日々指令を発して、論説で何を主題とするべきかを細かく指示していた。

宣伝省の絶頂期は第二次世界大戦中期の一九四二年であるが、それまでの大規模な宣伝と啓蒙の結果、ドイツの大衆は、アドルフ・ヒトラーは私心のない支配者で国民の救世主、そして究極的には人類の救世主であるとさえ信じるに至ったことは驚くべきことである。ヒトラーはどのようにして見せかけの姿を獲得したのであろうか。ドイツ国民が常に愛国的スローガンである、義務への要求、民族の名誉、兵士の崇高な死といったことに敏感であったという理由だけではなく、ヒトラー自身の超人的ともいえるエネルギー、政治的な反対者を無慈悲に取り除き、狡猾に軍隊を分裂させて支配操作したといった多くの

△1939年９月１日、クロール・オペラハウスで対ポーランド戦を語るヒトラー（左前方ひな壇右端）▽1939年９月３日、宣伝省で英独開戦の記者会見を行なうゲッベルス（立っている人物）。

ミュンヘンの美術館を訪れたゲッベルス。ドイツ芸術は文化院を通じてすべて宣伝省管轄下に置かれた。

要素を『第三帝国の興亡』を書いたウィリアム・シャイラーは指摘している。

ヒトラーは宣伝を兵器と同じように目標に対して効果的に用いることで軍事的成功の成果と同様であると考えたが、その実行者は宣伝者というよりも扇動者としての閃きを見せたゲッベルスによって成功がもたらされた。ドイツ国民に対する宣伝的納得性のもっとも重要なポイントは、ヒトラーとナチ政権および政治システムにより偉大なドイツ国家へ復帰させるということにあったのは論を俟たないであろう。

第二次世界大戦が勃発する一九三九年時のゲッベルスの宣伝省は既述のように報道機関を完全な支配下におき、ラジオ、劇場、映画、美術、芸術、音楽、出版界をすべて操作していた。国民が聴くラジオ、すべての新聞、雑誌、書物、そして映画などが幾年もかかって同じ宣伝を繰り返すと、大衆は比較と批判をすることができなくなり判断力を失っていった。例えば、ヒトラーの「ドイツの自転車競技は全体的団結が必要である」といったような要求そのものがどこか奇妙だとは思わなくなっていた。

ゲッベルスは公然と宣伝が真実にほとんど関係を持っていなかったことを認めており、あるベルリンでの大規模集会において「歴史的真実は学者によって後年に指摘されるかも知れないが、今、我々の任務は歴史上の必要性に従うものであり、それ以上のものではない。そして宣伝の唯一の目的は成功することである」と述べている。

ここでゲッベルスは五〇〇年前のルネサンス期の一五一三年～一四年に君主論を書いたマキャベリに由来する「目的のためには手段を選ばず、目的は手段を正当化する」という言葉を用いて宣伝の手段とした。それでも、ゲッベルスはすべてが嘘でないように配慮したが、真実を歪めることにおいては達人であった。官僚でヒトラー時代の財務相だったシュベーリン・フォン・クロージクは「ゲッベルスは真実の核心部分をベールで覆い、彼の言葉が問題になった時には常に逃げ口上を準備していた」と語っている。

映画

ゲッベルスにとって映画館はナチ主義浸透の重要な宣伝ルートとして積極的に活用できる道具（ツール）だった。それは、映画は視覚と情緒により人々へ直接訴えかけることができるために、舞台劇場での演劇や書店の本棚に並ぶ本よりも、ずっと幅広く深く国民に影響を与える力を有することを充分に理解していたからである。

暗闇の空間に閉じ込められた老若男女の観客は映像から発信される目的を感覚的に均一に捉えることができるが故に、人間知性の共通事項であるスリル、冒険、愛、犯罪、殺人といった内容を織り込める映画を利用したのである。事実、宣伝省の刺激策のおかげで映画館への入場者数は一九三三年〜一九四二年までの一〇年間に五倍に増加していた。映画はすでに一九三四年にナチ政権にとって有効な宣伝媒体であることが証明されていたので、映画界の従業員、俳優、監督、電気技師、カメラマンなどは総統に忠誠の宣誓をさせられた。

この時、一九三四年五月一日にＵＦＡ(ウーファー)映画の五五〇〇人の従業員が異議を唱えたが徒労に終わり、結局、一九二〇年代の昔の映画製作法はドイツ帝国映画法にとって代わられた。ＵＦＡ(ウーファー)はウニヴェルズム・フィルムＡＧ映画会社と称し、一九一七年から一九四五年までワイマール共和国政権およびナチ政権下におけるドイツ映画製作会社でナチ党が八〇パーセント近い株式を保有した実質的な国策会社であった。また、戦争中に国民に提供された有名なニュース映画を製作したドイツ週刊ニュース（ダイ・ドイッチェ・ヴォヘシャウ）は、四つのニュース映画会社を統合することでＵＦＡ映画会社が一〇〇パーセントの株式を保有する子会社となり、ゲッベルスが多くの部分で人事と経営権に関与した。

帝国映画法の第一項の第二節に述べられる「時代の精神に反するテーマを防止するため……」が検閲者の目的である。ＵＦＡ映画で計画されるすべての映画企画、概要、脚本は宣伝省の映画局に事前に提出されるが、それは、事実上の検閲であった。ゲッベルスはドイツで製作されるすべての映画に対して異常なほどの関心を示して、内容の変更や追加といった個人的な介入をたびたび行なったが、ゲッベルス自身の映画に対する中毒ともいえるほどの多大な関心が周囲で多くの摩擦をひき起こした。

あるとき、ゲッベルスは「病院の出来事を描く」映画の予告編を見た。この映画は病院の医師と看護婦の恋愛物語であったが、ゲッベルスは副官に我々はこうしたアールツトフィルム（医師の映画）は充分にあるので「もう要らないと伝えよ」と指示した。ところが、副官が似た発音であるためにエルンスフィルム（重大な映画）と聴き間違えて映画製作者に伝えた。このために、それから数ヵ月の間、宣伝省映画局には似たような軽演劇の脚本が溢れて混乱したというエピソードが残るほどであり、ゲッベルスの決定なくして映画製作は何一つできなかったのである。

国策映画会社となったUFAで映画製作を指揮するゲッベルス（カメラの右隣）。

ナチ時代でもっとも良く知られる政治的な宣伝映画は女流監督のレニ・リーフェンシュタールが製作した、一九三四年のニュールンベルグ党大会を描写する有名な『意思の勝利』というドキュメンタリー・フィルムである。もう一つは同じ監督による一九三六年のベルリン・オリンピックの記録映画『オリンピア』だが、両方ともにナチ主義を宣伝するもので、それぞれに微妙な部分を含んでいた。

『意思の勝利』は大群集と威嚇するようなヒトラーの大音声が聴こえるシーンから始まり、飛行機から降り立つヒトラーとニュールンベルグ党大会全体が写し出された。リーフェンシュタールの映画製作上の優れた技術的能力はナチ党と「立派な政治指導者たち」を海外に紹介する役割を果たし、党大会の儀式に大衆が参加している雰囲気を強調した。すなわち、『意思の勝利』は党の大集会を記録するということだけではなく壮観な宣伝映画としてあらかじめ計画されたものであり、リーフェンシュタール自身も「党大会と連携してカメラワークは準備された」と述べている。

同じ手法でもう一つのオリンピック記録映画も製作されたが、「リーフェンシュタール撮影隊」のカメラマンたちは選手の数より多かったといわれている。ドイツ国内の映画館への入場者数は一九三三年以降は五倍に増加したためにオリンピック記録映画は政治的な国威発揚とナチ主義の宣伝の絶好の場となった。

一方でオリンピック大会は海外へのナチ主義宣伝にも大きな役割を果たした。無論、一九二八年のアムステルダムと一九三二年のロスアンゼルス大会においての放送体制はまだ整っていなかった。ところが、一九三六年のベルリン大会では一六日間の競技中に二五〇〇回におよぶ放送が、ドイツ人と外国人アナウンサーにより二八ヵ国の言語で放送された。そしてオリンピック競技終了後に外国の新聞とラジオ特派員たちはドイツの素晴らしい報道組織を称えて、ゲッベルスにお祝いと感謝の電報を送ったほどだった。ゲッベルスはベルリン・オリンピック大会の報道を完全に掌握して、ほくそ笑みながら、躍動感、充実感、そして陽気な民族像を自由に演出したのだった。その結果、計画的に巧みにベルリンで饗応された諸外

△ナチ党ニュールンベルグ大会の宣伝映画『意志の勝利』を撮影する女流監督レニ・リーフェンシュタール。◁映画『意志の勝利』のワンカット。▽１９３６年のベルリン・オリンピックの記録映画『オリンピア』を撮影中のリーフェンシュタール監督（芝の上の女性）。

国の高官の多くが新生ドイツに深い感銘を受けてそれぞれの母国へと帰っていった。

オリンピックの祭典では、ナチ主義からすれば「調和しない」米国の黒人陸上選手ジェシー・オーエンスの活躍は好ましくなく、ヒトラーはオーエンスが出場するときは不機嫌そうにスタジアムを去ったが、リーフェンシュタール監督の記録映画ではそういったシーンは見せないように工夫されていた。

他方、一九四〇年に悪名高く米国では「吐き気を催す」と表現された前代未聞の反ユダヤ映画『ユーデ・ズュース』もゲッベルスの指令により制作された。この映画の主役はゲッベルスのお気に入りであるスウェーデン生まれの女優クリスチーナ・ゾーデルバウムだった。そしてこの映画はヒムラーの親衛隊により大衆に観賞するように強く薦められた結果二〇〇〇万人が見ることになり、ゲッベルスの政治的な宣伝意図は成功した。一方、UFA映画も二〇〇〇万ライヒスマルクの製作費に対して興行収入は六五〇〇万ライヒスマルクに達した。

一方、宣伝省は外国映画にも検閲をもって干渉した。例えば、フランスの文豪ゾラの小説から映画化された、陸軍軍人と娼婦の恋愛場面はゲッベルスの気にいらずに上映禁止になったが、その理由は娼婦と同棲する軍人は国家の政策に合わないということだった。

映画館の最も重要な役割の一つとして青少年の教化がとり上げられて、一九三四年四月にライン河畔の古都ケルンにおいて「若者のための映画の時」という啓蒙イベントが初めて開かれた。それから二ヵ月後にゲッベルスは、青少年のナチ主義啓蒙に教育省と宣伝省がより強い連携をもって臨まねばならないという強い要請を行ない、科学・教育・文化省大臣のベルンハルト・ルスト（一九四五年五月八日のドイツ降伏の日に自殺した）は、ドイツ全土のすべての学校で政治的に必要な映画を鑑賞させるように命じた。ルストの指令には「我々の国家社会主義の概念を広める手段として映画がもっとも優れている。とくに一般市民、学校の低学年生徒に見せなければならない」と述べられているが、これは、慎重に国家社会主義のイデオロギーを映画の中に入れて若者へ発信、定着させることが目的だった。

◁反ユダヤ映画にゲッベルスがよく起用したスウェーデン生まれの女優クリスチーナ・ゾーデルバウム。▷学校で映画を通じてナチ主義の啓蒙を図った科学・教育・文化相のベルンハルト・ルスト。

そして、その後二年以内にルスト大臣はドイツ全土の七万の学校に映写設備を設けた結果、一九三四年に映画鑑賞をした六六万人の生徒は、戦争開始の年の一九三九年には三〇〇万人以上に増加することになり二二七本の映画が学校用に製作された。だが、これらは戦争に対処するための情緒的な準備以外の何物でもなかった。

学校映画の主題は軍事教育にもあった。製作上の主役はUFA（ウーファアー）映画で総製作者兼監督を務めたのはナチ主義者のカール・リッターという人物だった。リッターは第一次大戦時にはパイロットであり、一九二〇年代半ばにナチ党に入党

UFA映画の総製作者のカール・リッターで映画『ヒトラー・ユーゲント・クベクス』の監督だった。

してミュンヘンのライヒスリガという映画会社の総製作者だったが、ナチ党の権力上昇とともにナチ映画界の中核的人物となり多数の宣伝映画を製作した。リッターの監督した映画は戦闘での死は栄光であるとするもので、一九一八年十一月に第一次大戦に敗北したドイツで若い作曲家が死を選ぶ映画『峠の約束』に代表されるものだった。

リッターは「私の映画では個人は取るに足らないことである」と語っている。彼の映画は表向きは愛国者と裏切り者が登場するロマンチックな筋書きではあるが、主題は外国人の第五列（スパイ）活動を描写したもので、実に六〇〇〇万人以上の学校生徒に見せられた。リッターの映画は数千人のヒトラー・ユーゲントの青少年を集めて鑑賞させたが、のちに捕虜になった少年兵士たちへの尋問の結果、彼らがこうした映画に強い影響を受けていたことが分かった。ヒトラー・ユーゲントの若い団員はドイツの勝利時には傲慢な態度をとり、敗北時には冷たく冷静であり「個人は重要とはいえず単に戦争の道具である」などと語った。

二〇世紀の独裁国家の特徴は少年少女の精神的な管理に大きな努力が傾注された。結果として、教育や訓練が組織化されて、最終的に国家の道具として整列させられたことだった。他方、ナチ主義の社会は男性優位であり『ヒトラー・ユーゲント・クベクス』のような映画

▷ヒトラー・ユゲント、ヒトラーを助けてドイツ品を購入せよ。1930年、ギュンター・ナーゲル作。◁ホステルと家庭を作れ。BDM（ドイツ少女団）の宣伝ポスターでヘルマン・ウィッテ作。

にはどことなく同性愛的な演出も認められる。一つの例であるが、ドイツ軍人で思想家でもあるエルンスト・ユンガーのような戦争を主題とする随筆家は、男性の友情を愛の代用として支持していたし、ナチ主義社会では同性愛に対する特定の道義的反対論は見られなかった。

いずれにしても、一九二〇年代のワイマール共和国時代に放置されていた青少年層に接近したナチ主義は成功裏に彼らを取り込んだ。彼らは目的がなく懐疑的で疑似ロマンチックになり、感覚と感情的な若者はゲッベルスらにとっては容易な鴨であった。こうしてヒトラーらは権力を獲得する数年前から若者たちの精神と感情を操作していたのである。ワイマール共和国時代の単調で暗い生活から一転して、組織化されたヒトラー・ユーゲントに入団して「新たな友情」のもとで、制服を着用してきびきびと活動するのは明るい日々と感じられた。一九三六年末にはボーイスカウトをはじめとして多くの青少年の団体はヒトラー・ユーゲントに一本化され吸収されてしまった。

ヒトラー・ユーゲントは一九二六年に設けられて、一九三一年から全国青少年指導者のバルドゥール・フォン・シーラッハ（一九四〇年からアルトゥル・アクスマン）が率いていた。彼は「これからはいかなる組織もスポーツ大会に参加することを禁ずる」とし、ヒトラー・ユーゲントこそが唯一つの青少年の国家組織だと表明した。例えば、若者がカトリック系の青年組織や他の組織に所属していた場合、ハイキング、スキー、体育会をはじめとしてキャンプすら禁止された。加えて、シーラッハは隊員がヒトラー・ユーゲントを離れた場合は制服、肩章、バッジの着用を禁じ、旧隊員や非隊員が楽隊で演奏しながら行進したり、旗やペナントを用いることも禁止した。これらはすべて法律により規制されたが、その基本はナチ政権が青少年を一つの政策と一つの組織のもとで完全に掌握して管理することが目的だった。

一方、ドイツ少女団（ＢＤＭと称した）は一九三〇年に組織されたヒトラー・ユーゲントの女性版であり、同じように少女たちの団体行動とスポーツに関する独占権を有していた。少女団は週末にユースホステルに集まって体育会に参加するが、六〇メートル走を一二秒で走るほかに水泳は一〇〇メートルを泳ぎ、砲丸を投げる兵士のような訓練を課せられた。少女団はヒトラー・ユーゲントの団員同様に「総統とその日々の努力」について学び、白いブラウスを着用して足首まである長いスカートを身に纏って丈夫な靴を履き、周囲にはポスターが張られ、映画鑑賞を通じて啓蒙するという宣伝手段が取られた。

このようにみかけは単純な宣伝手法であったが、実際にはナチ主義の浸透と支持者の増加において考えられる以上に重要な役割を果たしていた。これは、ゲッベルスの率いる宣伝省の専門家たちが分析した、「大衆は新聞による記事はすぐに忘却するが視覚による浸透は強い影響力を長く保持できる」ということを良く知っていたからである。

ポスター

他方、ポスターは他の宣伝とは異なる利点を有していた。新聞やパンフレットは読まずに棄てられることも多いし、ラジオはスイッチを切られれば聴取することはできない。また、政治的集会は出席しなければ演説は聴けないし映画館も入館しなければ鑑賞できない。しかし、大多数の国民は外出して道路を歩かねばならず、周囲に張られたポスターは嫌でも目に飛び込んでくる。ヒトラーの精神的強さ、誠実、正直、簡潔さといった総統神話を視覚によって浸透させることは宣伝上で重要なことであり、このために、普通サイズの一〇倍もの大きさのヒトラーの肖像画ポスターが製作された。

例えば、通行者がポスターから眼を背けても、次の道路でまた見ることになる。とにかくドイツ人の住む場所でヒトラーのポスターのない場所はなかったほどであるが、これはナチ主義ご自慢の英雄的なドイツ人のテーマ・ポスターも同様だった。ある街路の突き当たりの壁に共産主義とユダヤの脅威からドイツを守ろうと「顎を引いて決然とした男」が立っている、というような効果的なポスター戦術はいたる所で見かけられた。

こうした政治と軍事ポスターを描く者は多くいたが、中でももっとも有名なポスター制作者はハンス・シュバイツァーである。彼は一九〇一年七月生まれ（一九八〇年死去）、ペンネームで用いたムヨルニールとはチュートン語（古代ゲルマン語）で「雷神の槌」を意味した。シュバイツァーはナチ主義啓蒙のための宣伝ポスター制作者としてゲッベルスによって起用され、一九三七年に教授となりゲッベルスが総裁を兼務する帝国文化院の帝国美術画委員長と帝国新聞画会会長という要職についていた。このためにナチ政権のゲッベルスのもとで宣伝ポスター制作指導者として活動したのである。

ムヨルニール（シュバイツァー）のナチ党の啓蒙ポスターは粗雑であったが、「ナチ党の敵に対して」印象深い風刺的要素を有していたといわれる。また、彼は突撃隊（ＳＡ）や兵士の徴募ポスターも製作している。かつてナチ党の幹部の一人が「政治家が長時間演説をすることをムヨルニールはたった一秒で成し遂げた」と述べた。そんなムヨルニールの代表的なポスターの一枚は「三人の突撃隊員の顔」であるが、単純、感情的、強力でまさしくナチ主義宣伝の先鋒だった。

ヒトラーは「大衆は野蛮と肉体上の強力さに敬意を表する」と述べているが、このポスターはまさにそれであった。ポスター上のナチ主義「戦士」の一人は若く、一人は中年で、一人は年配者であるが様々な戦闘体験を示していて、いずれの顔も残虐直前の男性の力強さを

ゲッベルスは視覚的なポスターを最大限活用した。あらゆる町角で見られた代表的なヒトラーのポスター。

ゲッベルスとオリンピック宣伝を語る当時の代表的なポスター製作者ハンス・シュバイツァー（右、筆名ムヨルニール）。

このポスターはシュバイツァー作の宣伝ポスターで、１９３２年作の突撃隊の「鉄の顎」イメージである。

右ページと同じくシュバイツァーによる１９３３年１月30日のヒトラーの首相就任演説に基づく「一つの闘争、一つの勝利」１９４３年製作の啓蒙ポスター。

多作商業ポスター作家ルートヴィッヒ・ホールワインの１９３５年作品で金髪青年の理想化ポスター。

ポスターは重要な宣伝手段の一つでさまざまな種類があった。１９４１年、アントン・オットマン作の武装親衛隊募集ポスター。

1943年オットー・アントン作の「一つの意志の勝利」という武装親衛隊徴募ポスター。

これは作者は不明だが「ドイツの勝利とヨーロッパの解放」宣伝ポスター。

1943年の国防軍戦車部隊の徴募ポスター。

１９４０年に広く配布されたドイツ海軍への参加を促す徴募ポスター。

空軍装甲擲弾兵師団ヘルマン・ゲーリングの1943年の募集ポスターでアポーチン作である。

ドイツ空軍の募集ポスター。

総力結集を求めたポスター。スターリングラードの戦い。「ドイツ国防軍は祖国を守るためにあなたを必要とする」。

日常生活に潜むスパイの危険を訴える視覚的な防諜ポスター。

有していた。もう一枚のポスターは一九三二年に描かれたもので「アーリア人＝ゲルマン人」がナチ主義運動を推進する努力を描写したものだった。

さらに、もう一人、ヒトラー帝国の著名なポスター製作者は二〇世紀ドイツの主導的な多作商業芸術家で、第二次大戦中の有力な宣伝ポスター制作に携わったルートヴィッヒ・ホールワインである。ホールワインは一八七四年（一九四九年死去）にウィスバーデンで生まれた。写真をベースにした直観的イメージの独創的なポスター制作家だが、第二次大戦前によく活動して製作数は三〇〇〇点にもおよんだ。ホールワインは前述のムヨルニールとは異なってナチ主義が称賛する金髪青年を理想化していた。当然ではあるが視覚的なポスターもあらゆる分野で成功するものではなく、彼らがめざした知的な芸術目標は達せられなかった。

切手

効果のある宣伝ポスターの手法は郵便切手にも応用されたが、切手は手紙とともにポスターよりもさらに広範囲に大衆に届けられるもう一つの重要な宣伝手段であった。一九三五年にザール地方の帰属を決める国民投票時において、封筒に貼られた切手は当面する問題にドイツ国民が注目するように促す大きな効果があった。

宣伝切手の種類はさまざまあって、ナチ党大会の切手、ヒトラー誕生記念切手、第一次大戦後にベルギー領となったオイペンとマルメディのドイツへの回帰を訴える切手、そしてドイツとオーストリアの結合（併合）などが扱われたほかに、全ドイツの郵便局でヒトラーの演説から引用されたスローガンのスタンプを押した葉書が売られた。

また、ヒトラー・ユーゲント切手や民族に奉仕するヒトラーを英雄とするスローガン切手などもあった。そしてナチ政権と宣伝省は独ソ不可侵条約という特例期間を除けば、一九四一年夏から一九四五年春までドイツの切手コレクターに対してソビエト切手の売買を禁止していた。

芸術

宣伝省は美術の分野で二つの方法を用いた。ナチ主義下でアーリア人政策を普及させるためにワイマール共和国時代の芸術は否定された。やがて、これらの芸術品は緻密に計算された「堕落した芸術展」という名のもとで展示される手法がドイツ中で行なわれた。そして、この堕落芸術展示会を訪れた大衆に対して「このような嫌悪すべきものにワイマール政府は税金を投入した」と宣伝したのである。

ナチ主義に適さないすべての芸術は悪評を浴びせられて馬鹿にされたが、これらに代わって、いわば「ナチ芸術」が宣伝の道具として使われた。ナチ芸術と称する絵には簡単な言葉が入れられていたが、これが、重要なポイントで主題そのものの範囲は比較的限定されていた。

例えば、ドイツ国土の肥沃さと小作農の大家族の協調、寓話や純粋なアーリア人の描写が歓迎されたほかに、制服を着用して鉤十字旗を手にして行進する金髪の少年たち、拳を握り

力強いドイツ選手を示す1936年のオリンピック記念切手（数字は通貨のペニッヒを示す）。

ザール地方のドイツ併合を求める政治的な宣伝切手2種。

１９３８年ナチ党政権５周年記念切手。

△Uボート・エース（エーリッヒ・トップ艦長）をモチーフにした切手。▽1943年の戦場の兵士を描いた切手。

△1939年からは戦時切手が増加した。デザインはJu87急降下爆撃機シュツーカ。▽第３の軍隊である武装親衛隊の啓蒙切手。

しめ、顎がしゃくれて鉄兜を被った行進中の突撃隊員、あるいは全国的な反資本主義の儀式に参加しているといった図柄である。はたまた、中世の甲冑を身に纏うヒトラーを英雄になぞらえて、ユダヤ人とボルシェヴィキの竜を退治して新聖人の役割を果たすという図柄もあった。タイトルは「最後の手榴弾」「新青年」「民族の守護神突撃隊」「一九三三年のポツダムの日（ヒトラーの政権奪取）」といった類のものだった。

こうした絵の多くはポスター以外では壁画の形式をとった。「壁画の復活」方式はナチ主義芸術の一つの重要な特徴をなしていて、公共建築物と美術とを一体化するように意図されたほか建築物に装飾として取り入れられた。砂と石灰混合のモルタル上に水性顔料で描く絵画で耐久性が高い巨大なフレスコ壁画は、このような意図に適しているとともに、数千名の美術家と芸術家に仕事を提供した。フレスコ壁画と装飾物はナチ党の建物、省庁、公共ホール、学校などに用いられたが、国民への権威付けのために大いに宣伝の役割を果たしたといえる。

多数の芸術をあつかう刊行物はナチ芸術で埋め尽くされてドイツ中で見られたが、作品は「第三帝国美術」と称されて高品質用紙に当時最高のカラー印刷技術が応用された。これらの絵画は芸術としての価値や影響度は相対的に低かったが内容に主題が盛り込まれていた。絵画類は感受性の強いドイツの青少年にゲルマン人の優越性を吹き込み、勇敢な戦争物語、知識人に対する肉体的優越性が優先された。こうして町々の公園やレクリエーション地区、あるいはスポーツ・グラウンドに新芸術としてドイツ人男性の隆々たる筋肉美、活力、男ら

１９３０年代初期、甲冑姿のヒトラーを中世の英雄になぞらえたポスター「旗を掲げて」。

△「ナチ芸術」を鑑賞するヒトラーとゲッベルス（白服右側）。▽ナチ政権の目玉、ベルリン新都市ゲルマニアのモデルを見る帽子を被ったヒトラーと新都市責任者のＡ・シュペァ（左から２人目）。

しさを表現した像が持ち込まれた。

彫刻家のアルノー・ブレッカー、ヨゼフ・トロークらは巨大なモニュメント（記念碑）を製作する指導者たちだった。ドイツ国内のある市の道路は宣伝のためだけに改造されて街路樹は根こそぎ倒され、家々は集団行進のための広場を設けるために取り壊したが、こうしたことは珍しくなかった。とくにベルリン、ミュンヘン、ニュールンベルグでは一八〜一九世紀のバロックやロココに反発する新思潮である、新古典主義的な円柱、広場、巨大な中庭を配置した俗悪なビル群は親衛隊（ＳＳ）の行進の背景となるように意図されたものだった。

ヒトラーお気に入りの第三帝国の建築家であるアルベルト・シュペァ（のちの軍需大臣）は、古代ギリシャ、プロイセンの古典建築を組み合わせて官庁街ヴィルヘルム通りの中心部にある細長いヒトラーの新総統官邸を設計し、一方で第三帝国らしい雄大なスケールとなるはずの首都ゲルマニア（新ベルリン市）計画を推進したがこれは実現しなかった。

放送

こうした多くのナチ党と政権の政策を宣伝によって国民に浸透させる意図は、ゲッベルスの注目するラジオ放送を利用することで成功を見た。あるとき、ゲッベルスは「一九世紀の新聞がなしたことを二〇世紀ではラジオが達成する。重要なことは均一性という手段をもって宗教上のカトリック、プロテスタント、労働者、小作農、中産階級の人々が同時に同じ内容の放送を聴取できることである」と語っている。

◁ゲッベルスの普及型ラジオ「VE301」の宣伝ポスターで型と値段が書かれている。▷1933年／34年大手通信機企業アスカニア社のラジオ広告ポスター。

このときゲッベルスはヒトラー同様に上流階層には言及せずに、フリッチェの前任者である放送局長のオイゲン・ハダモウスキーに「君は放送を利用して世論を作ることができる」と述べた。ヒトラーもまたラジオ放送の浸透力を充分認識していて、一九三三年の首相時代の一年間に五〇回以上の演説放送を行なっているが、それはスタジオではなく大集会における演説の中継であった。だが、ヒトラーはあるときスタジオでの放送演説を試みたが、やはり群集を前にした演説に比べると居心地が悪そうだったといわれている。

一九三三年以前のドイツの大都市では独自の放送番組を有するラ

ジオ放送局があったが、放送局の分散方式は宣伝省にとっては不都合だったので、すべての放送局を宣伝省放送局で統制して中央指令を発出した。同時に聴取者を増やして宣伝を徹底させるためにヨーロッパでもっとも安価なラジオセットが売り出された。当時、ラジオ受信機は高価なセットであったので、ゲッベルスは普及のためにオットー・グリーミンクという電気科学者に国民ラジオを開発させて、ドイツの大電気企業のジーメンス社、AEG社、テレフンケン社で優先的に生産させた。この安価版ラジオは一九三三年八月十八日にベルリンの国際無線展示会で公表されたが、国民ラジオVE‐301型と呼ばれる世界最初の人工素材であるベークライト製だった。

ゲッベルスは宣伝省から多額の補助金を投入して労働者の週給程度でラジオを購入できるようにしたが、最初の価格は七六ライヒスマルクであった。ゲッベルスはあらゆるドイツの家庭にラジオを据え付けることを目標にして、のちに価格がさらに半額の三五マルクになったDKE‐38型という一層安価なラジオが供給された。これらの国民ラジオについては口さがない大衆は「ゲッベルスの口」と呼んで密かに揶揄した。こうして国民ラジオの生産数は一九三九年に七〇〇万台を越えて普及率はドイツ家庭の七〇パーセント以上になり世界最高の普及率となった。

ラジオの完全普及を達成するまでの間は事務所や工場などの共同の場所、あるいは、街角、レストラン、カフェ、ホテルなどで聴くように奨励されて、政府指導者の重要な発表や演説があるたびに人々はラジオの前に集まったので、工場や事務所ではしばしば仕事が中断され

△強力な電波を発信するドイツ放送のベルリン電波塔だがハンブルグにもあった。◁ゲッベルスが普及させた76ライヒスマルクの国民ラジオＶＥ・301型。▽１９３８年に普及した廉価版ラジオＤＫＥ・38型で「ゲッベルスの口」と呼ばれ35ライヒス・マルクだった。

た。ドイツ全土の一万数千軒のレストランでは昼食時であれ夕食時であれ、総統の演説がラジオから流れるたびに人々は食事を中断して、聞き覚えのある不愉快な大声に聴き入らねばならなかった。

また、ゲッベルスはラジオ放送を徹底させるべく、もう一つの聴取手段として集合住宅区画に「ラジオ番人」というのを置いた。彼らの役割はラジオを買えない隣人にナチ党員が金を貸すか、あるいは知人や友人の家で重要な演説や発表を聴くように指導させることだった。そして、「ラジオ番人」にラジオ番組に対する人々の反応を報告させた。また、もうひとつ、別の情報を伝えてくる外国からの放送を密かに聴取する住民がいないかどうか、生活の細部を監視して報告するという特別な役割を持たせた。

ドイツ国民は間もなく、放送で先に流されるテーマ音楽によりこれから誰が演説をするのかを識別するようになった。ヒトラーはどのような状況であっても好きな「バーデンワイラー行進曲」を先に流してから始まり、ゲッベルスによる総統誕生日のお祝い演説はワーグナーの唯一つの喜劇作品である「ニュールンベルグのマイスタージンガー」で幕が開き、「英雄の日」の演説はベートーベンの交響曲三番「英雄」の第二楽章から開始されるという具合だった。

一九三九年にドイツ国民のラジオ所有数はそれまでの四倍に増加したが、ゲッベルスにとってラジオは外国の意見に対抗する重要な手段であった。例えば、外国ではナチ・ドイツの宣伝と見られる刊行物やポスターなどの持ち込みを禁止することで自国民への影響を最小限にすることができたが、電波を使うラジオ放送に干渉することは難しかったからである。

ラジオ放送はドイツのオーストリア併合（アンシュルス）とともにザール地方の国民投票では大きな役割を果たした。ザール峡谷は重要な工業地帯であるが、第一次大戦の末からフランスにより占領されていた。このために、ヒトラー政権下の一九三五年に国民投票によって地域の帰属を決定することになり、ナチ政権はザールの国民投票の一年以上も前から宣伝戦を実行していたのである。

△放送中のゲッベルスだがラジオ放送を駆使して大衆掌握に利用した。▽1938年3月、オーストリア併合でウィーンに入るヒトラー。ゲッベルスのラジオ放送が事前宣伝で威力を発揮した。

具体的に述べれば、一九三四年一月にゲッベルスはザールにラジオ放送局を設立して、毎週水曜日に「ザール地方の行方を明確に理解する」というテーマ放送が流された。一九三四年一月と一九三五年四月に五〇〇〇台の「国民ラジオ」がザール地域に配布された。これに対してフランスは、投票が迫った最後の瞬間だけにザール住民への影響力を行使しようと試みただけだった。国民投票の結果は九〇パーセント以上がドイツへ回帰することを望んでザールはドイツへもどされたが、この帰属問題は明らかにゲッベルスの計画的なラジオ宣伝戦の勝利であった。

ナチ政権によるオーストリアの併合時におけるオーストリアの放送局は出力電波も小規模なものだった。そこで、ミュンヘンに置かれたゲッベルスの近代的設備を有する放送局の大出力送信装置が重要な役割を果たし、合併前の三〜四年前から宣伝放送を開始して年々強化されていた。数年にわたる放送を通じて、オーストリア人たちはヒトラー総統は偉大であり、ドイツに併合されれば充分な利得があると日々吹き込まれたのである。

ゲッベルスは米国への宣伝には短波放送を利用したが、オーストリア併合で見られた過激な用語や手段は使わず、北米と南米の聴取者がドイツと友好的な一体感が得られるようにアナウンサーが親しみやすい雰囲気作りを意図した。ラジオ・アナウンサーは地方の町とか学校における個人を特定してしばしば挨拶を送って親密さを醸成し、聴取者からの手紙を読み上げて質問に応える手法が用いられた。後に短波による海外放送は北アメリカ、南アメリカ、アフリカ、東アジア、南アジア、およびオーストラリアの六つの分化圏に分けられて、一九三三年の週一四時間放送は第二次大戦勃発の年の一九三九年には五八時間に増加し、毎日、一三〇台の送信機が五三ヵ国の言語で二〇〇以上の外国ニュースを発信した。

ナチ政権で早くから用いられたこのラジオ放送は効果的であり、ヒトラーにより「国家社会主義の傑出した尖兵である」と評価されて、ずっと主要な宣伝媒体と見なされるようになった。

当時のイタリア、ソビエトといった全体主義国家ではラジオはドイツと異なり、読み書きが不充分な国民のための宣伝用として用いられた。宣伝省管理下の新聞と放送を比べてみると、新聞は政治上どのように表現するべきかをゲッベルスの要約指令をもって伝えられてから読者の手元に届くが、ラジオ放送で直接人々に流される言葉の方が強い効果を発揮していることを、周囲の反応や状況によってナチ党幹部は充分に承知していた。

新聞

他方、ドイツの新聞社は宣伝省国内新聞局が管轄する帝国文化院傘下の報道評議会への参加が義務付けられており、日々掲載すべき詳細な内容の指示が出された。新聞に対してゲッベルスは「読者が傍にいると感じて作成するべきだ」と指示して、大集会、汗、革、残虐的欲求ともいえる雰囲気を発散させるようにした。ナチ党の御用新聞フェルキッシャー・ベオバハター紙は、いわば新聞の体裁を取ったポスターの延長線上にあるものだった。この新聞はかつて第一次大戦時にヒトラーの戦友で軍曹だったマックス・アマンが経営しており、編集長は麻薬中毒の詩人だったディートリッヒ・エッカルトが務めていた。

一九三三年までは一三万一〇〇〇部の発行部数だったが、戦争中期の一九四二年までは毎年一〇万部ずつ部数を伸ばしてドイツで初めて一〇〇万部を突破した新聞となったが、ナチ党員が読むように規定されていたので、その大成長ぶりは当然であった。そして、この時代、公務員、学校教師などは新聞に書かれたことを知らなかったならば昇進の道を獲得することができなかったし、大学では学生がこの新聞記事を題材にした論文の提出を行なったが、教授がもし低い評価を与えたならば大きな問題になったほどだった。

かつてヒトラーはフェルキッシャー・ベオバハター紙について「ああ、あれはユーモア新聞だ」と述べたことがあった。また、ミュンヘンで発刊された党のユーモア雑誌「ダイ・ブレンネセル（植物のいらくさ）」は「もっとも憂鬱なぼろ雑誌」と評した。この雑誌は英、米、ソビエトに対する辛辣な攻撃で知られるが、本名はヨゼフ・プランクで筆名セッパラが描く漫画掲載を特徴としていた。

ドイツの報道機関に対しては統制のためにゲッベルスから「シュプラッヒレゲルンゲン＝言語規定」と呼ぶ指令書が、毎日、編集責任者宛てに発出されて読後に必ず署名するように命じられており、一九三九年までにこの「言語規定」は書かれる記事に一層深く関与するようになっていった。

のちの一九四三年四月十四日にゲッベルスは報道者の自由について、「将来はジャーナリストのために適切な管理が行なわれるであろう」と緩和的な考えを述べたが、この「言語規定」はあらゆるドイツ人の生活範囲におよんだ。一九二九年にノーベル文学賞を受賞したド

Norddeutsche Ausgabe / Ausgabe A　　Ausgabe A / Norddeutsche Ausgabe

VÖLKISCHER BEOBACHTER

Herausgeber Adolf Hitler

Ein historischer Tag:

Erste Maßnahmen der Reichsregierung Hitler

Interview des „Völkischen Beobachters" mit dem Reichsinnenminister Frick – Tagung des neuen Kabinetts

Der Reichspräsident von Hindenburg hat Adolf Hitler zum Reichskanzler ernannt. Der neuen Regierung werden neben Adolf Hitler als Reichskanzler der frühere Minister Pg. Frick als Reichsinnenminister und der Reichstagspräsident Pg. Goering als Reichsminister ohne Geschäftsbereich und Reichskommissar für den Luftverkehr angehören. Pg. Goering wird gleichzeitig mit der Wahrnehmung der Geschäfte des Preußischen Innenministeriums betraut.

Die geistige und willensmäßige Erneuerung des deutschen Volkes

Der Grundstein zum Dritten Reich

Flaggen heraus!

◁1933年12月31日のヒトラー内閣を伝えるナチ党機関紙フェルキッシャー・ベオバハター紙。▷フェルキッシャー・ベオバハター紙の編集長だったＤ・エッカルト。

▽ナチ党の低俗なユーモア雑誌「ダイ・ブレンネセル」。△独ソ不可侵条約以前の1937年製作の反ボルシェビキ漫画でヨゼフ・プランク（筆名セッパラ）作である。

イツの小説家トーマス・マンについては「国家を自覚することからかけ離れている」という理由でゲッベルスの管理新聞では書かないことになり、米国の著名な映画人であるチャールズ・チャップリンも記事にならなかった。他方、スウェーデン生まれのハリウッド女優のグレタ・ガルボや英国のウィンザー公爵はドイツ寄りの姿勢により同情的なあつかいを受けていた。

報道でドイツ要人が贅沢なパーティーに出席している写真の掲載も禁じられたし、外務大臣のフォン・リッベントロップと娘の交通事故もあつかわれず、副総統のヘス夫人がベルリンのドッグ・ショーに出席したことも同様に記事にすることが禁じられた。国策に沿う報道機関の記事の質はどんどんと低下していった。ナチ党の勢力が頂点に達したときに様々な形態の新聞は四五〇〇紙もあったが、これは一九三九年までに二一パーセント以下の一〇〇〇紙に統制されて、その後はナチ党が示す基準に従わねばならなかった。

文学・演劇

他方、文学や演劇について設けられた宣伝形式はそう多くはない。というのも、文学は知性と関連があり一般受けする魅力に欠けていたからである。ナチ主義作家の一人であるシュンツェルは「我々はこの国では本を読むことはなく、水泳、レスリング、そして、重量上げをする」と述べた。

演劇の役割は一九三四年に帝国議会で制定された演劇法「国家社会主義の崇高な精神的見

地に立脚しなければならない」に従わねばならず、宣伝的演劇は小数の観客が鑑賞した。そして、芸術はナチ主義宣伝においてはマイナーであった。ナチ主義が勢力を増して自由が奪われてゆくと、著名なトーマス・マン、ツワイグ、ラインハルト、トラー、ブレヒト、フランツ・ワーフェルなどの作家や劇作家は次々とドイツを離れて行った。ナチ主義からすれば「堕落した好ましくない人種」とされ、代わってナチ主義者の演劇や作家が幅を利かせていたが、そうした傾向は映画の分野では一層顕著であった。

ドイツの名作であるゲーテやシラーの戯曲ですら、国家社会主義の味付けがなされて人間主義的価値観は衰えた。アイルランド出身の劇作家であるジョージ・バーナード・ショーは、文学的見地からでなくドイツ優性思想に共感を持っていたとされるが、悪徳とみなされた英国の偽善と金権政治といった部分を笑い物しているという理由によりドイツで認められていた。

先に少し触れた宣伝省の管轄下にある文化統制機関である帝国文化院の総裁は当然ながらゲッベルスで、副総裁はヴァルター・フンク、レオポルト・グッテラー、マックス・アマンだった。傘下の映像、音楽、演劇、芸術、放送、新聞の各評議会のほかに「文学評議会」を率いたのはSS（親衛隊）中将の肩書きも有したハンス・ヨーストであるが、彼は一八九〇年七月生まれ（一九七八年死去）のヒトラー時代の代表的な親ナチ詩人だった。ヨーストは一九一八年ごろは表現主義であり、一九二三年以降は自然主義的哲学の影響を受けた作風であった。しかし、一九二八年にアルフレート・ローゼンベルグが提唱する、ユダヤ人のドイツ文化への影響を排除しようとする意図を持つ俗悪な「ドイツ文化のための好戦的同盟」で活動し、一九三二年にナチ党に入党してヒトラーのイデオロギーをエッセイにする活動を行なった。

宣伝省傘下の文化院の文学評議会を率いた親ナチ詩人のハンス・ヨースト（SS中将）。

このハンス・ヨーストは「誰かが公的な場で文化という言葉を発したならば許さない」と公言したことがあったように、彼の支配したナチ主義時代の一二年間には、文学の分野において優れた劇作家は一人も出現しなかったと評されている。

ナチ時代は三流、四流作家の全盛期であり、刊行物や演劇の主要な題材は中世ドイツかプロイセン時代の歴史的なものだった。例えば、文学でよく知られる題材としてはヴェルナー・ビューメルベルグという作家の小説『前線生活』があり、内容的にはチュートン風（古代ゲルマン人）の感傷的な文体を用いて、塹壕戦、友情、残酷といった光景を繰り返すものだった。また、『ハイマトロマン（故郷の人）』という地方を描いた架空小説もあった。

こうしたナチ時代の典型的な小説の一つとしてクンケルという作家が書いた『アイン・アールツト・ズフト・ザイン・ヴェク（生き方を捜す医師）』があった。これは、ある医学生が大都市で勉強中に羊飼の祖父のために医科大学を放棄して故郷にもどると、薬草の収集家となり、奇跡的な治療を施す人物になるという筋書きだった。もう一つは総統風の伝記文学であるが、これは直接ヒトラーに言及することはなかったものの主人公の経歴がヒトラーによく似ていた。詩人のシラー、錬金術師のパラケルスス、発明者ディーゼルらの教育を受けていない天才たちが、知性を越える直感力によって成功する物語が例証としてあつかわれた。

一九三九年九月にドイツのあらゆる芸術家はゲッベルスが主導する帝国文化院が支配するどれかの評議会に所属しなければならず、新規登録者が不都合な人物の場合は「政治的に頼りない」という理由によって拒否することができた。このために、ナチ主義に沿わない人々の活動が大きく制限され、国家社会主義に対して中途半端な活動をする人物は否定されたのである。

1933年５月、ゲッベルス指導による悪名高い「焚書」で退廃書とされた書物が燃やされた。

この時代のもっとも有名な出来事は一九三三年五月十日にベルリンのフランツ・ヨーゼフ・プラッツ（広場）において「焚書」が行なわれたことだった。退廃的とレッテルを張られたフロイト、マルクス、およびブレヒト、ハイネ、ツワイグらの一連の作品は大きな焚火に投じられて燃やされた。この「焚書」についてゲッベルスは全ドイツのラジオ放送網を通じて演説を行ない、燃やされた作品を「過去の悪魔である」と指摘して「理知主義時代」は終わったと宣言した。

一九三三年〜三九年のナチ主義時代の宣伝が、ドイツの青少年に影響を与えたことは重要なことである。ゲッベルスは一般大衆へ総統神話を普及することに全力を投じたが、次世代の青少年への影響を推測しておく必要がある。仮定であるが、もし、第二次大戦にドイツが勝利したならば、ゲッベルスによって啓蒙された青少年は完全な管理システムのもとで生命を投じたかも知れないと、『ゲッベルスの生と死』を書いたトビー・サッカーは述べている。

戦争初期の宣伝戦においては他国が遅れていたために、ヒトラーの戦争において宣伝が重要な役割を果たすことができた。少なくとも戦争初期のゲッベルスの宣伝は真実に限りなく近い事象をベースとしていたために、幾年も拡大して続く戦争において効果的であった。

一九三九年八月二十三日までドイツ国民はゲッベルスの宣伝によりソビエト連邦は人類の敵であると連呼していたが、翌八月二十四日には独ソ不可侵条約上の友人に変わっていた。スターリンが君臨するソビエトが、ポーランド、バルト、ベッサラビア、北ブコビナ（ウクライナ）を飲み込んでいるときでさえ、ゲッベルスは友好的な雰囲気の維持に努力した。まるで猫の目が変わるように矛盾したゲッベルスの宣伝政策であったが、ヒトラーの戦略上の要求とは完全に合致していた。

そして一九四一年六月末にドイツ軍がバルバロッサ作戦をもってソビエトへ侵攻すると、またまたゲッベルスはころりと態度を変えて、「ヨーロッパの悪霊ボルシェヴィズム（過激主義）絶滅」宣伝に邁進するのである。

第9章　戦争と宣伝戦

一九三九年八月に電撃的に独ソ不可侵条約が結ばれたときのドイツ国内書店には反ソビエトの書物が置かれていた。ゲッベルスは独裁体制の中で作り上げてきた宣伝システムにより、まるで自動車がUターンするかのような複雑な政策の変更と連携させた世論操作を容易に行なった。ところが、それからわずか一年一〇ヵ月後の一九四一年六月にヒトラーがバルバロッサ作戦によりソビエトを電撃的に攻撃して、この独ソ不可侵条約があっさりと破られた。このときソビエトのスターリン首相は「ナチ・ドイツは一五年以上も真意を隠していた」と語った。

いずれにしても、一九三九年秋におけるドイツ国民は戦争を求めてはいなかったが、ヒトラーの政権奪取以降、ゲッベルスの宣伝によって自国の軍隊の人種的優越性を受け入れていたという事実が残っている。

一九三九年九月一日にドイツがポーランドへ侵攻したとき、ゲッベルスは「一九一四年の

1939年９月１日にドイツ軍はポーランドへ侵攻して第二次大戦が勃発した。写真はワルシャワ市内で戦闘を行なう１号戦車と歩兵。

ドイツの指導体制はいかに世論に訴えるべきかを知らなかった。だが、今日、一九三九年九月一日にドイツの最高権威は、真実という兵器（宣伝）をもって確実に対処する方法を知っている」と述べた。

だが、欧州で大戦争が発生するまで、ゲッベルスがいう英国とフランスに対する「真実の兵器（宣伝）」の操作手段はしばしば相反するものであった。例えば、ゲッベルスは「退廃的民主主義国家」を嫌悪して、品の悪い「ダイ・ブレンネセル（植物のいらくさ）」誌上において大英帝国を強く風刺しつつ、一方では長所について言及したりした。

一九三九年〜四〇年の冬にゲッベルスは新聞、ラジオ、映画を製作する人々を集めて、ドイツへ戦争宣言をした国がいかに不誠実なマキャベリズム（非道徳的で権謀術数主義）であるかを説いた。また、「英国は金権政治の国であり貧しい労働者を支配して富を増やし、国際紛争を促進する一握りのユダヤ人の悪徳金融業者が蠢いている」と新聞で論評した。

他方、宣伝省の幹部に対して「我々の目的は英国の政府と民衆の離反にある」と指摘し、

「戦争責任を問うのは容易なことである。英国とフランスはポーランドに対してドイツと妥協するなと圧力をかけておきながらドイツに宣戦布告をなした。今やドイツは自分自身を守る以外に選択肢はない」と語った。

ドイツのポーランド侵攻により、英国は九月三日にポーランドとの協定にもとづいてドイツへ宣戦を布告した。翌九月四日に英国のベルファストからニューヨークへ向かう一万三五〇〇トンの定期航路船アセニア号が、大西洋上でドイツ海軍のユリウス・レンプ艦長が指揮するU30潜水艦に戦闘艦と間違えら

△U30（潜水艦）上のレンプ艦長とデーニッツ司令官。誤認により客船アセニア号を撃沈して英独の宣伝合戦となった。▽シティ・オブ・フリントの舷側で救助されるアセニア号の生存者たち。

れて撃沈され一一二名が死亡した。この事件に対してゲッベルスは「攻撃される前に攻撃せよ」とばかり素早く行動を起こして、「総統はこのような攻撃を正式に禁じている。アセニア号事件は英海軍大臣チャーチルの仕組んだ謀略で、客船を犠牲にしてドイツに責任を転嫁しているが、ドイツはこの下品な欺瞞を見破った」という先制暴露的な発表をおこなった。

一方、ヒトラーを最高司令官とするドイツ国防軍最高司令部（陸軍、海軍、空軍総司令部を管轄した指揮機構）の広報は宣伝省とは別に独自の活動をしており、定期的に戦況に関する発表を行なっていた。また、一九三一年時に宣伝報道の専門家で全国新聞指導者だったオットー・ディートリッヒはナチ党幹部、帝国議員、親衛隊大将でありヒトラーの側近の一人だった。こうした立場から宣伝省の宣伝と広報について軋轢があったが、一九三七年以降は妥協の成立により宣伝省の第一次官に就任して、一九四五年までその地位にあったが同時にヒトラーの報道官も兼ねていた。

このディートリッヒはヒトラーの命令によって「ターゲスパロール」と呼ばれる戦時直接指令書を発行していた。このターゲスパロールが宣伝省に送られて、それに肉付けしてラジオ放送や新聞各紙へ送られて国民に知らされるのである。ヒトラーの直接指令であるためにゲッベルスはこのターゲスパロールも自分が担当したいとヒトラーに掛け合ったが拒否された。

このようにヒトラーとゲッベルスの間には幾つかのミスマッチがあったが、ヒトラーは著書『マインカンプ（わが闘争）』の中で「正しい宣伝の活用は大きな効果を獲得できることを知った」と述べているほど宣伝の役割を認識していた。また、一九三九年~四〇年にかけての軍事勝利上の前哨戦となる心理戦分野において、ゲッベルスの宣伝戦の成功という土台の上に立っているということも充分知っていた。そうした反面、一九三九年のポーランド戦、一九四〇年のフランス戦、一九四一年の北欧戦およびバルカン作戦などドイツ軍の初期勝利期において、ゲッベルスらによる宣伝戦が果たした重要性を認識しないナチ指導者たちもいた。当然ながらこれらの勢力はゲッベルスと宣伝省の必要性を否定して大臣の解任を求めたが、ゲッベルスはものともしなかった。

ポーランド戦の最中に英国機がドイツの上空で「手遅れにならぬうちにヒトラーを見限れ」という宣伝ビラを撒いてゆくと、ゲッベルスは「宣伝研修生による呆れ返るほどに民衆接触を知らぬ手段だ」と放言して見くびった。確かにこの時期の連合国の宣伝手法には具体的な戦争目的が盛り込まれず、ゲッベルスはこの点に眼を付けて多くの手段をもって「諸君はどうしてこの無意味な戦争を戦うのか」と問いかける宣伝攻撃を行なった。

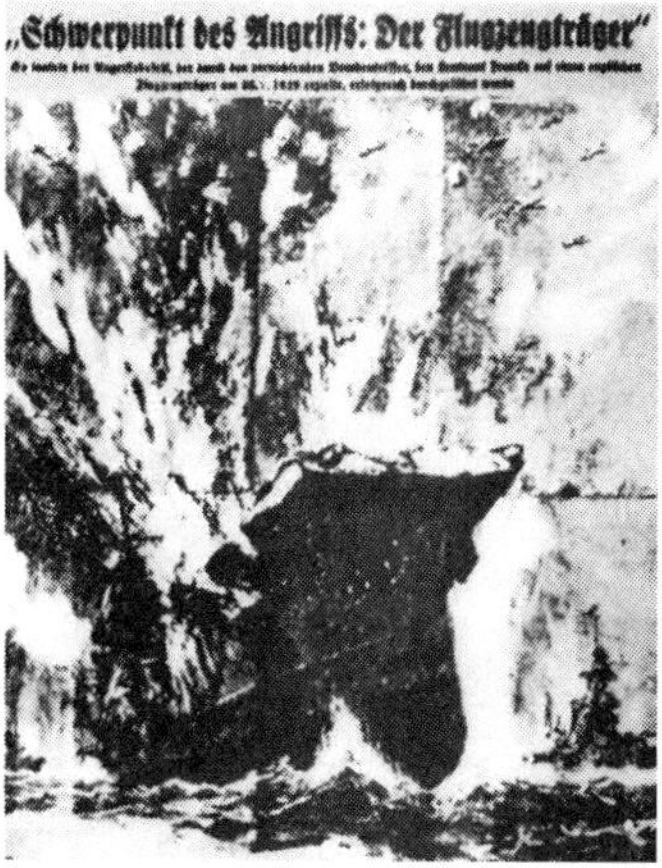

ゲッベルスの勇み足。1939年10月11付フェルキッシャー・ベオバハター紙で英空母アーク・ロイヤルを撃沈したとする誇張戦果。

ゲッベルスは初期戦争勝利の時期においては、国防軍最高司令部の正式発表をそのまま国民に知らせた。これは事実が報道されているということで、国民が宣伝省の報道を信頼することに繋がるからである。ゲッベルスの狙った正確で早い報道は海外のジャーナリズムと大衆にも影響を与えて、一時期は連合国の発表よりも信頼できるという風潮が見られた。それは連戦連勝時においては報道上の秘密は少なく、特派員たちの検閲も緩やかであったからである。一方、形勢不利な連合国のロンドンやパリにいた外国特派員たちは多くの報道制約に遭っていたのである。

戦争が始まると、多忙なゲッベルスは宣伝組織の強化改造を実施して、ドイツ中に設けられた大管区、中管区、小管区（これらはガウと呼ばれた）の宣伝部署のための啓蒙書を発行した。その内容は、「我々の最大の敵は英国であること、英国が行なうドイツ経済を麻痺させる包囲網からの解囲、そして英国との決戦」という目標を明示して、「新聞報道の任務は国民の指導と管理にあり」とする一方的な世論操作を求めた。

ヴィルヘルム広場に面するレオポルト宮殿を本省とする宣伝省は一九四〇年から大規模に増築されていたが、戦争勃発により内部の組織整備も行なわれ、ゲッベルスが直接指示を迅速に下せるように、ラジオ放送、新聞、映画の各局は本省かそれに近い建物にまとめられ、不要な部署は不便な他の建物に回された。宣伝省には無休態勢が敷かれて、職員は一日置きに二四時間勤務となり軍用簡易ベッドや毛布が支給された。そして、ゲッベルスは職員が理由なく軍に志願することを禁じていたが、これは戦況が悪化する一九四三年まで続けられた。

PK(ペーカー)宣伝中隊

従来、ゲッベルスは国防軍コミュニケ（公報）に介入することはできなかった。だが、簡潔な軍事用語でまとめられた無味乾燥な発表文は国民の士気を高めることにおいて効果をもたらさないことも知っていた。ゲッベルスは第一次大戦時の報道を顧みて、「先の大戦では戦場の後方をうろうろする記者が、兵士たちの切れ切れな言葉を繋ぐだけの信頼性のない記事を新聞に載せていたことは、我々の記憶に新しいところである。近代戦における報道員は危険に身をさらして戦争の真の姿を銃後の国民に伝える兵士の一人とならねばならない」と語った。

一九三八年三月のドイツによるオーストリアの併合（アンシュルス）に続いて、旧オーストリア＝ハンガリー二重帝国領土で第一次大戦後はチェコスロバキア領となったドイツ人居住域ズデーテンラントへの侵攻が迫っていた。このような切迫した状況の中でゲッベルスは世界に類のない新しい戦時宣伝手法を編み出した。それは、戦場の情景や雰囲気を報道機関のすべてを動員して生々しくドイツ国民の家庭へ注ぎ込んで、国家政策に対する一体感や義務感を持たせたことだった。

一九三八年春にゲッベルスと国防軍最高司令部総長のヴィルヘルム・カイテル大将との間で戦時宣伝覚書が締結されて戦時宣伝を宣伝省が担うことになった。次いで国防軍最高司令部直轄の宣伝部隊として五個宣伝中隊（プロパガンダコムパニー／略してＰＫ(ペーカー)）が発足して、ドレスデンに第五四九宣伝中隊、ブレスラウに第五三七宣伝中隊、ニュールンベルグに第五〇七宣伝中隊、ウィーンに第五二一宣伝中隊、ベルリンに第五五八宣伝中隊が置かれ、当初は国防軍通信部隊の一部になっていた。

一九三九年に国防軍情報部（アプヴェァ）第Ⅲ局が行なう対敵宣伝などと調整が行なわれて国防軍宣伝局となり、ヒトラーの作戦部長を務めたアルフレート・ヨードル大将の直接指揮下にあり、ハッソー・フォン・ヴェーデル大佐を指揮官として戦争の広域化とともにしだいに規模を拡大して行った。宣伝Ⅰ部は戦時宣伝、宣伝Ⅱ部は国内宣伝、宣伝Ⅲ部は海軍宣伝、宣伝Ⅳ部は対外宣伝、宣伝Ⅴ部は陸軍宣伝、宣伝Ⅵ部は空軍宣伝を行なった。

この国防軍宣伝局傘下の宣伝部隊は一九四二年の最盛期には師団規模の一万七〇〇〇名を数えるに至り、陸軍は二一個宣伝中隊、空軍は八個宣伝中隊、海軍は三個宣伝大隊と一個宣伝中隊、および占領地に八個宣伝大隊、そしてＳＳ（親衛隊）一個宣伝中隊（のちに三個）のほかに心理戦を行なう一個特殊宣伝大隊があった。

宣伝部隊は戦場で敵に投降を勧めたりする対敵任務をはじめとして幾つもの任務があり、国防軍独自の宣伝戦を遂行するためにゲッベルスの宣伝省との間に常に摩擦が生じていた。それは軍事的立場からの任務を求める国防軍最高司令部と、宣伝的な報道の役割を求めるゲッベルスの宣伝省からの指令という二つの司令塔があったということである。

理論上の編成からすれば宣伝中隊は宣伝大隊にまとめられるが、一般にＰＫ（ペーカー）宣伝中隊と呼ばれて規模は小ぶりでありおおむね三個小隊編成だった。ドイツの戦争を銃後の国民に知らせて啓蒙し、士気を維持する重要な役割を担う「ドイツ週刊ニュース」映画のカメラマンや放送記者、新聞記者、写真カメラマンたちが所属する一個宣伝小隊こそ、ゲッベルスが送り込んだ取材組織であった。前線で宣伝ビラの散布や拡声器を用いて投降勧告などを行なう一個軽小隊、車両移動や補給を担当する一個技術小隊から編成された独立任務部隊である。

動員は国防軍によって実施されるが、彼らは例外なく兵士としての軍事訓練を受けた軍人であった。ゲッベルスの宣伝省は戦時ジャーナリストたちの装備である映画カメラ、写真カメラ、タイプライターなどを供給して、撮影上の指令を送るとともに一定方式によって報告を求めた。しかし、常に国防軍の命令が優先したという複雑な事情があったために、ＰＫ宣伝中隊のすべてがゲッベルスの宣伝省の指揮下にあったわけではないのである。

さて、一九三八年のＰＫ（ペーカー）宣伝中隊設立時にゲッベルスはあらかじめ作成させておいた、戦時特派員の中核となる記者リストの中から戦争報道記者、写真カメラマン、ラジオ放送アナウンサー、ニュース映画のカメラマン、補助員らを選んで宣伝中隊へ送り込み、二ヵ月間にわたって兵士として基礎的な軍事教練を施したのちの選抜試験にパスした者を戦場へ送った。

彼らは国防軍ＰＫ宣伝中隊に配属されて戦場へ出るが、のちに占領地に駐留する兵士向け新聞の製作にも携わった。

ゲッベルスはＰＫの報道員たちに対して、「冷酷に、恐怖を恐れず、勇敢に戦場で活動せよ。諸君自身が一市民として新聞を読み、放送を聴き、映画館で見るニュース映画を視聴することを常に考えよ」と訓示した。ゲッベルスがもっとも重視したのが映画カメラマンによる「ドイツ週刊ニュース」と、新聞、雑誌に戦争を持ちこむことのできる写真映像だった。

この宣伝中隊が初めて活動したのは一九三八年のズデーテンラント進駐日であるが、ニュース映画、写真、ラジオ放送、拡声器、補給と支援の各チームからなり、組織的な活動を行なった。戦場に送られた写真カメラマンやニュース映画カメラマンたちには特殊な場合を除いて、とくに目標や目的は明示されなかったが、彼らはすでに教育と訓練により何をどのように撮影するべきか基本的なことを理解していた。

多くのカメラマンが戦場で無声映画かトーキー（音声）付フィルムで様々なシーンを撮影すると、フィルムは軍の連絡便や時には急使をもってベルリンへ送られた。現像されたプリントやニュース映画をゲッベルスの指示により一定の目的に沿う内容に編集してから「ドイツ週刊ニュース」となりドイツ全土の映画館で公開された。この「ドイツ週刊ニュース」はゲッベルスの最大の視覚宣伝方策の一つであり、一九四〇年から一九四五年三月二十二日の第七七五号まで続けられた。

ゲッベルスはフィルムの内容が不満足なときは激怒して、より激しい戦場シーンの撮影を厳命した。例えば、ユンカースJu87シュツーカ急降下爆撃機による爆撃、戦闘機同士の空中戦、飛行する爆撃機の大編隊、戦車の大群の進撃、砲弾雨の中を駆け抜ける歩兵、Uボートの魚雷攻撃などがゲッベルスを喜ばせた。しかし、海軍の戦艦、装甲艦、巡洋艦の艦内生活などのシーンは単調であり、銃後の家庭に戦争を持ち込こもうとするゲッベルスにとっては不満足であった。

△機上で撮影を行なう空軍ＰＫ所属の映画カメラマンだが時に後部射手も務めた。▽〈左〉ゲッベルス好みの爆撃機の威力を示す若年層を狙った「アドラー」誌の表紙。〈右〉「ヴェアマハト（国防軍）」誌の表紙を飾る大西洋を行くＵボート。１９３６年〜４４年９月まで発刊されたがこれも若年層がターゲットだった。

△〈右〉ドイツ最大の宣伝誌「シグナル」で25ヵ国250万部が発刊された。ゲッベルスお気に入りのロンメル元帥を起用した表紙。〈左〉ギリシャ語版の宣伝誌「シグナル」を見るドイツ兵士とギリシャ人。▽西欧州占領地向けの宣伝誌「ルフトフロッテ・ヴェスト」で連合軍の1942年8月のディエップ奇襲失敗を表紙にしている。

1941年夏、北アフリカ戦場へ向かうアフリカ軍団の兵士たちで宣伝放送を聴いている。

△国防軍部隊の一部だったPK宣伝部隊指揮官のハッソー・フォン・ヴェーデル大佐（のち少将）。▽ゲッベルス（左から2人目）を囲んで宣伝部隊の打ち合わせ。左端はヴェーデル大佐。

北アフリカ戦線でクラリ・アレクザンダァＰＫ記者（左）のインタビューを受けるロンメル元帥と中央は参謀長バイエルライン中将。

△戦場の音声を録音するＰＫ放送記者でマイクロフォーンを手にしている。▽コンクリート陣地の銃眼からライカ・カメラの１０００ミリ望遠レンズで撮影するＰＫ写真カメラマン。

▷1940年5月のフランス電撃戦時にフォード・リムジーンV‐8の車上でニュース映画撮影を行なう第4空軍PK宣伝中隊のカメラマン。◁前線で携帯タイプライターで記事を打つ陸軍ＰＫ宣伝中隊の記者。向こう側に投降呼びかけ用の拡声器が見える。

1943年4月、イタリア戦線モンテカッシノ地区で写真撮影中の降下猟兵軍団付の空軍ＰＫ宣伝中隊の写真カメラマン。

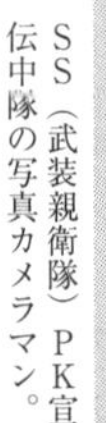

SS（武装親衛隊）PK宣伝中隊の写真カメラマン。

△フランスのサンナゼールに入港したUボート7型（艦上白帽子は撃沈エースのE・トップ艦長）を取材する海軍PK宣伝中隊のカメラマン（右端）。▽撮影フィルムとプリントを調べるPK宣伝中隊の検閲グループ。

「ドイツ週刊ニュース」のタイトルで１９４０年から４５年３月22日の７７５号まで製作された。

▷1882年創刊された「BIZ」誌で1930年代に200万部を発行していた。◁「デル・ピンプ」誌は1935年創刊で当初は「モルゲン」という視覚に訴える若年層向けの宣伝誌だった。

PK（ペーカー）報道員の撮影した写真映像は宣伝省の統制下にある、多種の新聞や雑誌などの紙面を飾って視覚面からドイツ本国の家庭へ浸透した。もっとも著名かつ最大の宣伝紙は一九四〇年から発刊された隔週発行の大判タイプの「シグナル」誌である。「シグナル」は最盛期には二五ヵ国語で二五〇〇万部を発行し、驚くべきことにドイツ敗戦目前の一九四五年二月の段階でもまだ七五万部を維持していた。

「シグナル」の内容は発行国によっても異なるが、「戦争と人間的関心事」に焦点が当てられ、カラーを含んだ美麗な大判グラビア写真が売り物だった。同じく国防軍が発行した宣伝誌「ヴェアマハト（国防軍）」は一九三六年から一九四四年九月まで発刊された若年層を意図した宣伝雑誌である。そのほかに空軍の宣伝誌「アドラー（鷲）」も若い人々を対象にして一九三九年から一九四四年九月まで発刊された。また、「ルフトフロッテ・ヴェスト（西方航空艦隊）」という空軍の週刊宣伝誌はドイツ軍占領下のフランス、オランダ、ベルギーなどの読者が対象だった。

「BIZ（ベルリナー・イルストラッィオーン・ツァイトング）」誌は一八八二年創刊の週刊誌だが一九三〇年代には二〇〇万部に達していた。あるいは一九三五年に創刊された「モルゲン」誌は一九三七年に「デル・ピンプ（いたずら坊主）」誌と変わったが、いずれも若年層の啓蒙を意図して、写真やイラスト画をふんだんに使用する効果的な視覚に訴えた出版物だった。

このPK（ペーカー）宣伝中隊は一九三九年のポーランド戦開始時には陸軍七個宣伝中隊、空軍四個宣伝中隊、海軍二個宣伝中隊に拡充されて、一九四〇年から一九四二年の勝利の時期をピークとしてよく活動した。宣伝省派遣の映画カメラマン、写真カメラマン、あるいは報道記者らに限っていえば一九三九年から一九四五年までに七〇〇名以上を数えた。彼らは一九四三年以降の戦況の悪化とともに大きく活動は鈍ることになるが、ゲッベルスが要求する最前線での戦場ニュース映画と写真、そして士気の維持を目的にした前線での報道記事獲得活動により損害も増えて、一九四三年までに記者、写真カメラマン、映画カメラマンの戦死と行方不明者は三一四名に達していたのである。

心理戦

ゲッベルスは宣伝省の発表と他の情報を比較されないようにニュースの独占を意図して、ドイツ国民と占領地での海外放送の聴取を禁止して違反聴取者は逮捕の上強制収容所へ送り、もし、聴取内容を広めれば死刑であると布告した。外国放送の聴取資格者はゲッベルスのみであり、ナチ政権幹部でも一、二の大臣以外は同様に聴取が禁止されていた。また、全般的に宣伝省の職員も聴取禁止対象者だが、海外放送に対抗する役割を担った一部の職員のみは特別に許可されたほど厳重に管理されていた。

この措置はゲッベルスによるドイツ国民の言論の抑圧が明らかになってしまうからである。このために、ゲッベルスは外国の報道よりドイツの報道の方が信頼できるとか、五〇日間で海外放送は一〇〇以上の嘘を報じているという統計を発表したりして海外放送聴取禁止の理由を示して見せた。

また、ゲッベルスは一九四〇年に巧みな国民向けの宣伝を行なった。それは「前線に行く兵士は国家へ奉仕するために怪我を避けて自らの身体を大切にする義務がある、同様に国民が敵の宣伝を聴いて精神的な怪我を負ってはならない。こういう怪我という事態により一時的であるにせよ我が団結的戦闘力は弱体化する」と語った。ゲッベルスの海外放送の聴取禁止措置の実行はヒムラーの親衛隊（SS）が積極的に摘発を行ない、二〇〇〇名以上が収容所送りとなった。それでも、そっとロンドンにダイヤルを合わせた人々のすべてを摘発する方法はなかったのである。

そのように厳しい統制を敷いたにもかかわらず、国民の耳に海外放送はしだいに浸透し始めていた。Uボートに乗艦していた一士官は海軍当局により戦死と通知されていたが、この士官の名前とともに英国の捕虜になっていることがロンドンからの電波が伝え、密かに聴取した者が葬儀のときにひそひそと遺族に伝達した。こうして会葬者一同は戦死者が生きていることを知りつつ、悲しい顔を無理に作って葬儀を行なったというエピソードが残っている。宣伝省へ送られる大衆の実情報告書により、戦時下の国民の雰囲気の変化が分析され、海外放送禁止令は国民には酷く不評判であったが，ゲッベルスはどんな報告書であっても平然と読んでいたとされる。

鎧袖一触の勝利につぐ勝利を示す「ドイツ週刊ニュース」は戦場を家庭に持ち込むという啓蒙と士気維持に役立ったが、一方で一般大衆に計算外の別の雰囲気をもたらした。それは、

▷ゲッベルスの言葉「祖国が危機に瀕している！」が掲載された「ダスライヒ」紙の1944年８月号。最盛期には150万部が発行された。◁戦場で兵士が読む「ダスライヒ」でゲッベルスの論説がよく読まれた。

戦場の兵士は楽な戦争をし、ドイツ本国の労働者は多くの規制のもとで苦しみに耐えているのではないかというものだった。そこで労働戦線指導者のロベルト・ライとゲッベルスは「ヒトラーは戦争が終了すれば労働者の賃金を上げて数百万戸の住宅を新築し、余暇を過ごすためのレジャー施設やホテルを設ける」という話の流布を図ったが、それを期待する者はしだいに少なくなっていた。

もう一つの労働者たちの不満は、ナチ主義を推進する大小の党役員らが前線勤務を逃れていると指摘したことだった。ゲッベルスはすぐさまに「ヒトラー・ユーゲントの指導層の九五パーセント以上が徴兵された」とか「突撃隊員の六八パーセントが戦場にいる」などと反論のキャンペーンを国民向けに盛んに展開した。

このころ、ゲッベルスは自説を新しいメディアで展開しようと意図して一九四〇年五月二十六日に「ダスライヒ（帝国）」紙を発刊したが、これは、最盛期には二五ヵ国語で一五〇万部を発行した。このときゲッベルスは宣伝省国内新聞局長のハンス・フリッチェに「頭をハンマーで押さえられて周囲を有刺鉄線で囲まれた新聞はよい論説が書けない」と述べた。これに対して自分の意見を述べることができる数少ない一人であったフリッチェは「そのようにしたのは大臣閣下ではないですか」と問うと、ゲッベルスは黙っていたと自伝に記している。

ゲッベルスにとって米国に対する宣伝は重要なことであった。米国を孤立させて欧州の戦争の枠外に置こうとする試みはずっと以前からの方策だった。これは宣伝省のベーマーが率いる海外新聞局がその任にあたっており、ニューヨーク総領事のフォン・ギーナントはゲッベルスが米国へこうした役割を持たせて派遣した一人だった。一九四〇年から四一年にかけて一〇〇万ドルの賄賂を使って米国の新聞社と国策ドイツ通信社との契約を推進し、「ドイツの事実上の勝利」という耳打ち戦術なども行なった。あるいは米国内で「戦争推進者を警戒せよ」と述べた有力者のウィリアム・ボラー上院議員や、「英国はすでに敗北している」と語った大西洋横断初飛行の英雄チャールズ・リンドバーグなどを利用したのが、そのよい例だった。

一方、ベルリンでは外国特派員を掌握しようとしてゲッベルスはパンや肉を二倍配給したり、一時的な記事検閲制度を廃止したりしてみたが、外国の特派員にもっとも効果があったのは検閲制度の廃止だった。それが証拠に米国ではベルリン特派員電が大きくあつかわれて、ロンドン、パリ電は小さい記事となるという効果を上げた。だが、ゲッベルスの方針は終始一貫しなかった。

大戦開始時の一九三九年九月から一九四〇年五月までのポーランド戦、ノルウェー戦、フランス・オランダ・ベルギー戦における勝利を記録したドキュメンタリー映画は、ドイツ軍将兵と国民の士気高揚に大きな役割を果たした。そして、ドイツ軍がどこでも勝利を続けていたときのゲッベルスの宣伝の主たる狙いは、総統が築いたドイツ帝国はすべて国民のためであるということを人々に確信させることにあった。

国防軍最高司令部と宣伝省が運用するプロパガンダコムパニー、すなわちPK（ペーカー）宣伝中隊に所属するニュース映画カメラマン、写真カメラマン、報道記者らが戦闘部隊に随伴して撮影した生々しい戦場の硝煙をドイツ国民に知らしめることができた。だが、それらの映像や報道は確かに事実ではあったが、編集されて偏ったニュース映画になっていた。

これについて、ナチ政権下のジャーナリストだったハンス・ヨアヒム・ギーゼがそのドキュメンタリー性について、「ニュース映画は宣伝目的を達成するために映像は充実している。だが、それは必ずしも真実を示すものとは限らない。なぜかといえば、真実は無意味であるからだ」と語っている。ゲッベルスはもっと簡潔に「ニュース映画はドイツ国民に前線の状況を知らせて広める手段の一つである」とナチ主義国家の宣伝の本質を示している。

最初のポーランド戦のドキュメンタリー映画はベルリンの五〇ヵ所の映画館で一斉に上映された後にドイツ全土へ回された。また、地方の過疎地は映写機とスクリーンを積んだ移動映画車両を用いて普及に努めた。ここで一つ指摘しなければならないことは、ニュース映画は戦争の状況を映像を通じて本国に持ち込むだけでなく、敵に対してもある種の影響を与えるように工夫されていたことである。

幾つもの意味を持つニュース映画が強い視覚的な影響を与えることが確認されると、一九四〇年に法律が制定されて、ニュース映画を上映中に途中での入退場が禁止されたことは宣伝政策上において重要なポイントの一つである。

戦争初期のドイツ軍の連続勝利という間の宣伝省の役割はそう難しいものではなかった。勝利自体がもっとも優れた宣伝形式であり、無味乾燥ではあったが「国防軍最高司令部（ＯＫＷ）」の公報もゲッベルスの宣伝省の仕事における多くの基礎題材になった。そうではあったが、国防軍最高司令部の発表が宣伝省の役割の一部を実行してしまったのでゲッベルスはいらいらするところとなり、加えて戦時中の作戦の実行と軍が指定する機密保持が邪魔になって宣伝に制約が加わったりしてかなりの不満があった。この時期のゲッベルスは「総統は軍の高官に耳を傾けているので私は難しい立場にある」と宣伝省の幹部会で述べていたほどだった。

一九三九年十月から一九四〇年三月下旬までの硝煙の臭いがない静かな五ヵ月間を連合国側では「まやかし戦争」と称していた。そんな一九四〇年四月五日にゲッベルスはポーランド戦の戦場での圧勝をドキュメンタリー映画にまとめると、中立国スウェーデンの首都オスロにあるドイツ大使館で、現地の政治家、外交官、経済界の有力者らを招待して映写会を催した。爆撃機の編隊が街々を破壊し尽くして村や町が燃え上がり、戦車の群れと機械化部隊が轟々と進撃して行く。これは、もし、ドイツへ戦争を仕掛ければ「このように巨大な武力で破壊するぞ」という脅迫まがいの戦争記録映画であった。だが、同時に他国がこの戦争に介入しないように仕組まれた宣伝戦の一環であり、フランスへの強い牽制でもあった。

その四日後の一九四〇年四月九日、北欧侵攻戦が開始されてノルウェーとデンマークはドイツに占領された。この侵略についてゲッベルスは「ノルウェーとデンマークは英国とフランスが侵攻する前の防衛的措置により幸いにもドイツの手に落ちた」と発表した。続いて、ゲッベルスの放送局は連合国間の不和を助長するために、「英国は最後まで戦うと強調しながらフランスへたった六個師団しか送らず、フランスは不満であり八〇個師団だけで防衛しなければならないと語っている」と宣伝した。また、独仏国境にあるマジノ線要塞地区では同じような内容を記した宣伝ビラが、飛行機から投下されて守備隊のフランス将兵の頭上へはらはらと撒かれて士気を落とすのに効果があった。

この当時、戦時宣伝に熟達していた英国人のチャールス・ローターという人物は、「宣伝は聴く人の心の琴線に触れなければならない」と述べているが、ゲッベルスの手法と重ねると極めて興味深いものがある。

ゲッベルスはいわゆる「スコットランド放送」と呼ばれる一連の謀略放送を行なった。こ

ドキュメンタリー映画『西方の勝利』のプログラムで世界各地で上映された。

れは、連合王国を形成しているスコットランドと北アイルランド六州に対する呼びかけであるが、地方の習慣と言語を用いてスコットランドとアイルランドの歴史を語り、英国に対する抵抗運動と戦闘をけしかけたものだった。ゲッベルスは「富豪による金権政治」が英上流階層の冷酷さとなって示されることが、フランスでの戦場において証明されたと述べ、加えて、「毎日数千人のフランス人が死に瀕しているときに、英国の上流階層の人々は、ドイツがフランスへ進撃した五月第一週の水曜日に競馬(ダービー)で疾走する馬を見にいっていた」と放送したが、これがどのような効果を挙げ得たのかは分からない。

また、ゲッベルスは米国においても同様な目的の宣伝戦を展開した。米国が英国を支援するというのは明らかだったので、ドイツの謀略放送は盛んに「米国は孤立主義を継続するべきだ」と主張した。ゲッベルスとヒトラーは外国に対して反ユダヤ、反ボルシェヴィキ宣伝を繰り返して行なったが、果てしない攻撃と悪宣伝は米国ではかえって逆効果を生む結果となった。

この宣伝戦の間違いのひとつの理由に、ナチ政権指導者らの諸外国に対する無知があった。実際にヒトラーもゲッベルスもドイツ以外の国と外国語を知らず、ましてや外国を旅行したこともなかった。巨大な地球規模の戦争をしている強力な国家の独裁者と宣伝権力者が、自らの敵について何も知らないということは驚くべき事象の一つであった。

△諸国を恫喝した長編ドキュメンタリー映画『ポーランドの勝利』の宣伝ポスター。▽ドキュメンタリー映画『ポーランドの勝利』の一場面で人々を威圧したＪｕ87急降下爆撃機。

一九三九年秋から一九四〇年夏までの間に起こったポーランド戦、北欧戦、オランダ・ベルギー・フランス戦における、ドイツ軍の電撃戦の勝利を記録したドキュメンタリー、例えば、『ズィーク・ヴエステン（西方

の勝利)』といった映画は世界中のドイツ大使館に送られて上映された。また、欧州戦争に直接加わらないトルコ、ブルガリア、南米諸国においてもドイツ国防軍の無敵さを知らせる重要な宣伝手段となった。

ゲッベルスの製作した戦争ドキュメンタリー映画『ポーランドの勝利』などは鑑賞する人人に、「なぜ、都市ワルシャワはこのような運命を経験しなければならなかったのか」「なぜ、かくも多数の若者が無用に戦死するのか」と尋ねかける。結論として「ドイツの敵であってはならないのだ」という宣伝手法が占領地へも持ち込まれて拡散した。そして占領国はゲッベルスの宣伝省が製作した映画や「移動映画」の独占マーケットとなったのである。

ドイツ軍の勝利の日々にゲッベルスが政治的宣伝に大きな精力を注入することは少なかったが、別にドイツ国内の経済事情は重要であり、じゃがいもの値段から外国人労働者の生活問題まで多くのことが対象となった。他方、ゲッベルスはルール工業地帯で軍需産業を視察し、ハンブルグでは港湾労働者を相手に激励演説を行ない、ベルリンで日本の少年団の代表と会い、スペインの新聞人やオランダの詩人らとも会見するなど精力的に活動した。

一九四〇年中にゲッベルスがずっと行なってきた重要な宣伝の一つに「総統伝説」があった。戦争が開始されるまでヒトラーは賢明で真摯な政治家である、というイメージが大衆に売り込まれていた。そして大規模な戦争が始まると一ヵ月間でフランス陸軍を粉砕した偉大な戦略家および軍事的天才として宣伝された上に、総統は戦車や火砲などの兵器に精通する軍事専門家であり、加えて戦略と戦術に長じる予言的才能を有する超人として描写された。

こうした総統イメージに沿ってヒトラーの宣伝映画の撮影が総統本営で行なわれた。映画のカメラは将軍たちのグループが議論するさまを写すと、続いてゆっくりと移動しながら総統が大テーブル上の地図を見る深い熟慮で満たされた表情を追った。このような超人の演出脚本はゲッベルスが直接行なったが、脚本には「ここで総統が立つ、巨大だが、まったく孤独である！」などと監督風に書き込んでいた。ゲッベルスにとってはナチ党の隆盛時の一九三三年からロシア戦線での電撃的勝利の時期である一九四一年末までは、あらゆる分野で宣伝戦を遂行するのに何も障害はなかった。これは勝利原則をそのまま国民に伝えればよいという方針を維持していたからである。

一九四〇年前半にゲッベルスはすでに対フランス宣伝戦を遂行しており、彼自身はフランス人のことを「才能はあるが消えつつある不運な民族」と描写していた。他方、フランスの情報大臣で優れた作家でもあったジャン・ジロドゥは、「軍隊が作戦を開始する以前から砲兵の準備砲撃の如くに宣伝戦という戦争が開始されるが、それは、戦略的に見て心理戦による破壊工作が中心となるだろう」と述べたのは慧眼ではあったが、

ドイツ放送で対仏宣伝に利用された「シュツットガルトの裏切者」と呼ばれたフランス人のポール・フェールドネ（左）。

ゲッベルスと同じレベルの宣伝戦が実際に戦われることはなかった。

ゲッベルスはすでに幾人かのフランス人を使ってラジオ放送による攻撃を仕掛けていた。そのような一人がフランス人ジャーナリストで「シュツットガルトの裏切り者」と呼ばれて、戦後に処刑されたポール・フェールドネである。このフェールドネはフランス政府とユダヤ系金融人による大型融資と汚職などを暴露する宣伝放送をドイツのシュツットガルトの放送局から行なったが、これには一定の真実的要素があった。いずれにしても戦争の裏舞台において、このような宣伝戦がフランス陸軍全般の士気を落として崩壊へ向かうという悪影響を戦争前にかなり与えたことは知られるところである。

フランス国内の市民レベルの耳打ち作戦や家庭へ直接届く手紙戦術も併用され、有名な独・仏国境に設けられたマジノ線要塞の防衛将兵に対する神経戦も行なわれた。例えば、マジノ要塞の外側で修理作業をするフランス兵が夜間に要塞に戻ろうとするとサーチライトの光が注がれて、スピーカーから「諸君、何も心配することはない。我々は照明をもって兵士の皆さんの帰路を助けようと思う」といった按配で戦意の喪失を図った。

また、こんな新手の戦術も行なわれた。フランス首相エドゥアール・ダラディエがマジノ要塞を密かに訪れた時、ドイツの強出力スピーカーが、今首相がどこにいるかを告げて守備隊員たちを驚かせた。さらに、英国のチャーチルがフランスに招かれてマジノ要塞を視察に現われると、その日のチャーチルの食事メニューをスピーカーが読み上げて心理的な圧力をかけた。

第10章　対英宣伝戦

一九四〇年五月十日にドイツ軍はベルギー、オランダ、フランス侵攻を行ない、ゲッベルスはラジオ放送を用いる新しい宣伝形態をもってドイツ国民を煽ろうとした。この日、放送中のラジオ番組が中断されて重々しいアナウンサーの声で「特別発表が行なわれます！」という前置きに続いて、本物の大オーケストラによるファンファーレが奏でられてから、西方電撃戦の新たな勝利が発表されるという効果的な演出が実施された。ゲッベルスは家庭の母親がラジオの前に来る時間、子供を呼び寄せる時間、ファンファーレの回数などストップウォッチを手にして幾回も事前にその効果を実験した。

フランスはすでに用意周到に行なわれたゲッベルスの計画的宣伝戦で内部的に煽られ、外からは武力攻撃で攻めたてられて一ヵ月間で降伏に追い込まれてしまい、ドイツ軍は首都パリへ入城した。

ゲッベルスの創刊したダスライヒ（帝国）紙は「比類のない時代」という論説を大々的に

掲載したが、その内容は「歴史は同じ繰り返しをしない」というものであるが、これは二五年前の第一次大戦とは異なるという意味である。

一九一八年にパリ近郊のコンピエニューの森でフォッシ元帥の列車の専用車両内でドイツ軍は休戦の屈辱を嚙みしめた。ゲッベルスはこれを利用して、博物館に保管してあった同じ車両を再びコンピエニューに運ばせた。そして、今度は勝利者として同じ場所と同じ車両でペタン元帥と休戦協定を結ぶという、ドイツの勝利を演出する耳目を引く宣伝ショーを行なった。だが、そこに当のゲッベルスはいなかった。ゲッベルスにとっては自分がそこにいるかどうかより、いかに早く衝撃的なニュースを発信することの方が重要だったからである。戦勝後のベルリンでの祝賀会で多くの軍人が元帥に昇進し勲章が乱発されたが、一方でヒトラーは宣伝大臣のゲッベルスを「我が国の宣伝機関の指導者として最高であったと評価する」と称えた。

しかし、現実の状況はゲッベルスが直面する様々な難関の始まりであった。戦争に負けた国家には占領軍が駐留して政治経済を握られた上に食料の収奪や市民の虐待が起こった。それまで、ゲッベルスの宣伝組織が奏でていた甘い幻影はどこかへ吹き飛んでしまい、実態が暴露されたために新たな宣伝戦が必要になるという悪循環に陥った。一方でドイツ国民の幻滅と低下した戦争継続意欲を向上させることが、最優先に取り組むべき課題として浮上してきた。

対フランス戦が終了して二ヵ月後の一九四〇年八月二日にゲッベルスは宣伝省傘下の多数

の演説者に幾つかの主題を与えた。フランスに関しては「フランス国民の反ドイツ性」「フランス国民が選択した指導者に対する責任」「ドイツ人捕虜に対する悪待遇は全ドイツ人に対するものと同様である」といった類である。

英国については「英国は欧州諸国の運命と隔絶しており連帯感はない」「英国との来るべき戦いは簡単なものではない」「一握りの金権政治的貴族に支配される英国民は犠牲者である」などであった。また、「対英国戦と対ソビエト戦が開かれるという噂があるが総統の演説に示されるように根拠はない」とか、公約である新しいヨーロッパとそれに続く新体制について、「ドイツ人が新ヨーロッパの指導者となるという公約は必ず遂行されると確約するものの内容は仔細にわたらぬようにする」といった具合だった。

ゲッベルスの演出。第一次大戦時のドイツ降伏休戦調印が行なわれた同じ列車でフランスは降伏した。

ゲッベルスはこのように国民を鎮静化させる宣伝キャンペーンを行ないながら、一方で戦争前にドイツへ併合したチェコスロバキアの作家、芸術家、新聞記者など知識人たちを前にして、「我々は武力でヨーロッパを改革するつもりはない。重要なことは数千万人のヨーロッパの民衆に新たな理念による新生活を理解してもらうことにある」と述べたが、これは、ドイツ本国に伝わることを意識した巧妙な宣伝であった。だが、占領された国々の現実の日々は圧政であり、ドイツが押しつける新体制への期待の高まりなどはなかった。

西方欧州の征服がすんだ一九四〇年の冬にヒトラーとゲッベルスが続行していた、「国民に苦難を与えるチャーチル首相」というキャンペーンが効果を挙げて、近くチャーチル解任に繋がるであろうと考えていたことが、有名なヒトラーの「テーブルの長談話」の一つによって明らかにされている。ここで、ゲッベルスは「チャーチルは典型的なほら吹きで能力のない飲んだくれのえせ紳士だ」と語った。また、ゲッベルスは英国の政治家アンソニー・イーデンについても日記の中で「香水を付けた英国の外務大臣の教育と方向性はユダヤ人そのものである」と書いている。この見当違いの見解はゲッベルスの上流階層に対する劣等感と嫉妬に由来するものだと『ゲッベルス日記・一九三九年~四一年』を一九八二年に著わした英国の歴史家フレッド・タイラーは分析している。

勝利の美酒の中でゲッベルスは、全ヨーロッパを統治する新秩序案を国内新聞局長のフリッチェとともに検討して草案をヒトラーに提出したが、ヒトラーは外務大臣リッベントロップの決定を待つといった。ここで、宣伝のなんたるかを知るゲッベルスと宣伝と政策の違いが理解できず、武力制覇した国民との議論や交渉は不要だとするリッベントロップとの間で草案を巡って衝突した。

その鞘当ての典型的なものが英国人のウィリアム・ジョイスの一件だった。ジョイスはアイルランド系英国人だが英国ファシスト党員でユダヤ人と共産主義を憎んでいた。戦争開始直前に宣伝省のドイツ放送のオーディションに応募して、英語アナウンサーとしてゲッベルスが採用したものだが、給料は安く信頼も低かった。やがてジョイスは対英謀略宣伝放送に従事するようになり、初期にはドイツの確度の高いニュースのせいもあって、驚くべきことに戦争が始まりながら英国の五〇パーセントもの人々が聴取するという事実を示した。ジョイスの英国貴族のようなオックスフォード訛りの話し方と独特の甲高い声により、英国のデイリー・エキスプレス紙が電波の発信地名から「ゼーゼンのホーホー卿」と書いたので、以後そのように呼ばれるようになったのである

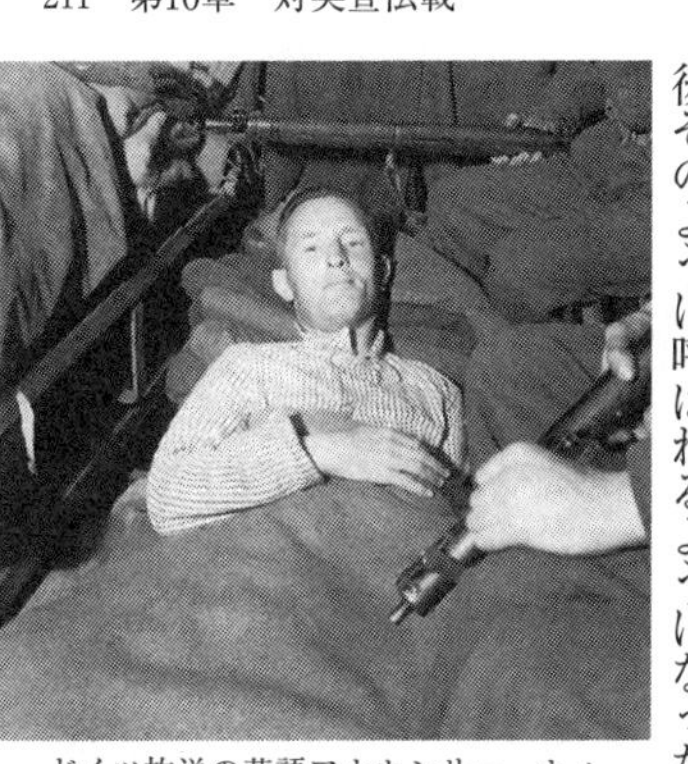

ドイツ放送の英語アナウンサー、ウィリアム・ジョイスで大戦後に裏切り者として処刑された。

ホーホー卿ことウィリアム・ジョイスはドイツの勝利の尻馬に乗って英国民とチャーチル首相を脅し、品のない悪口を多く語ったためにその後はまったくダイヤルを合わせる者がなくなってしまった。結局、ホーホー卿は宣伝者として失格となり、ゲッベルスは彼をドイツ放送から解雇した。すると、外務大臣のリッベントロップが対抗的に高給をもってジョイスを再雇用して、外務省派遣の英語アナウンサーとして、再びドイツ放送で対英宣伝放送をドイツの敗北まで続行させたが、も

はやゲッベルスはジョイスには一切関わらなかった。ちなみにホーホー卿の放送録音は一九四五年四月三十日まで行なわれて、最後に「ヒトラー万歳！」を叫んでいたが、ジョイスは英軍に捕らえられたのちに裁判にかけられて反逆罪により一九四六年に処刑された。

ドイツの宣伝が大きな効果を発揮しない英国に対して、ゲッベルスは個人的に憎悪と敵愾心を燃やしていた。一方で、英国の宣伝は拙劣だと軽蔑していたものの実際には英国の政治的立場を充分に認識しており、「英国はドイツに対しては鋭い宣伝を実行するべきだが、一方で米国を味方にするために苦況にあるところを見せねばならず難しい局面にある」と分析していた。

フランス戦に続いて一九四〇年半ばから始まった英国上陸「あざらし作戦」を実行するには、英国海峡上空の制空権奪取が前提条件であったが順調ではなかった。しかし、ゲッベルスは夏から秋までにヒトラーがロンドンへ入るであろうという対英心理戦を仕掛けて、傘下の報道網に「総統ロンドンに立つ」という日付のない論説を準備するように命じた。だが、九月中旬にゲーリングのドイツ空軍は航空戦で大損害を被って敗北に終わり、十月には「あざらし作戦」は無期延期になった。

敗北を勝利とはいえないゲッベルスはどうしたのであろうか？　誇張した表現だったが「ロンドンは大爆撃で燃上しているがそれに耐える英国民は称揚される」。また、「BBC放送の職員とアナウンサーは地獄の業火の中で放送を続けたがその勇気は絶賛に値する」と巧妙な撤退宣伝を行なって見せた。

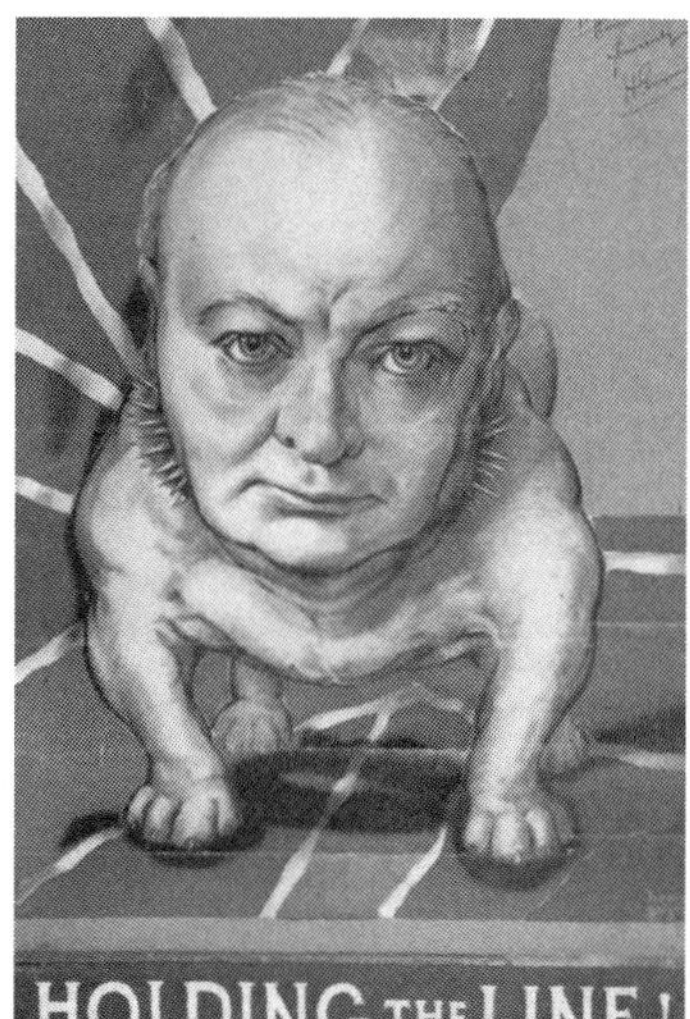

ゲッベルスの最大の敵はチャーチル首相。1942年米国のヘンリー・キーグノン作で「戦線を保持せよ」の有名なポスター。

右は「不退転のチャーチル」のポスターであるが、左はちょっと首を傾げた「狙撃者」に意味を変えたドイツの宣伝ポスター。

一九四〇年のクリスマス前にゲッベルス家は移転したが、その場所はベルリンの中心部であるブランデンブルグ門の南側に位置するヘルマン・ゲーリング通りにあり、ヴィルヘルム通りにある官庁や総統官邸の庭にも隣接して、宣伝省へもほんの数分の距離であった。居宅は二五〇～三〇〇〇万マルクを投じて上品で静寂なたたずまいに改造されたが、ゲーリングやリッベントロップ邸よりはるかに小さかった。しかしながら、ゲッベルスの宣伝省放送局は実に三一ヵ国語を用いて一日九〇時間の番組を電波に乗せて、巨大な宣伝戦を展開していたのである。

一九四一年の春から北アフリカで英砂漠軍に圧迫されるイタリア軍を支援するために派遣されたロンメル中将が指揮するアフリカ軍団が英軍を駆逐して勝利していたが、その後は一九四二年夏まで一進一退の攻防の中でスエズ運河へと接近していた。しかし、ドイツにとって北アフリカは本国から遠く離れた戦場であり、あくまでも脇役でしかなかった。しかし、ゲッベルスは貴族出身ではなく飾らぬ軍人ロンメルが気に入っていて、宣伝中隊が送るニュース映画と写真、そして放送記者のインタビューを優先的に用いて、彼を国民的英雄にした。

時は一九四一年になり、ゲッベルスの最大の敵は変わらず英国の「不退転のブルドック」ことウィンストン・チャーチルだった。ゲッベルスはチャーチルこそ、自分が倒されるまで、冷静、冷酷、そして粘り強く諦めない人間であり、最も手強い敵だということを本能的に感じ取っていた。一九四一年末に英国侵攻は事実上中止されたがロンドン爆撃は続行され、対英宣伝ではゲッベルスらしからぬ嫌悪感丸出しのチャーチル誹謗が行なわれた。

そんな一つの例がある。チャーチルが米国製のトンプソン短機関銃を手にした試射時の公表写真をゲッベルスの宣伝省が入手した。この写真をそのまま使って反チャーチル・キャンペーン・ポスターが製作された。よく見ると、わずかに小首を傾けたポーズに直してあり、殺人者をイメージさせる「チャーチルは狙撃手」というキャッチフレーズが大きく描かれていた。

そのほかにも、えげつない反チャーチル宣伝が多かった。それは、状況が圧倒的に悪いのに決して降伏しないアングロサクソンの耐久力と反撃力にゲッベルスが不安を抱いていたからだと『ヒトラーに次ぐ男ゲッベルス』を書いたルドルフ・ゼムラーが述べている。このゼムラーは元ジャーナリストであり、宣伝省でゲッベルスの側近の一人だった人物だが、戦後の一九四七年に自らの日記を英国で刊行して版を重ねたが、その内容には定評がある。

ゲッベルスの側近の１人だったゼムラーで大戦後に「ヒトラーに次ぐ男ゲッベルス」を刊行した。

ところで、ゲッベルスが創刊したダスライヒ（帝国）紙は全体に寄稿家の質も高かったので、当時ヨーロッパでは割と読まれた新聞であり、ゲッベルスの論説もどこか読者の心を動かす部分があった。当時の読者だった人々は「ゲッベルスの論文の内容には共鳴しなかったが文体や構成に独特のものがあった」と感想を語っている。

ゲッベルスは論文、演説草稿、指令書、あるいは、「ザガ」というペンネームによる主要新聞への寄稿、そして後年の出版を意図した個人用と公用の二種類の日記の執筆など、極めて精力的に行なっていた。加えて、決して除外することのできない「ドイツ週刊ニュース」とドイツとオーストリアで製作された映画を細部にわたって検閲していた。また、ゲッベルス自身は戦場で大部隊を率いる将軍たち以上に戦争の重要な局面を担っていると信じていたのにはそれなりの理由があった。

国民をナチ政権のめざす目的に誘導する心理戦の骨子は宣伝省の幹部会議から生まれるが、常にゲッベルスが議長となって毎朝十一時に開かれて方針が指示される。この宣伝省幹部会議はゲッベルスの大臣室の隣の会議室で行なわれるが、放送局長、国内新聞局長、海外新聞局長、映画局長、演劇局長らの幹部が列席した。だが実情は大臣ゲッベルスの一人芝居であり、幹部は黙って拝聴するだけだった。その後、午後一時と五時に記者会見があって、ゲッベルスの幹部会議をもとにした指令を、国内新聞局長のハンス・フリッチェかそれに代わる幹部職員が新聞の編集責任者へ具体的に書く記事や省く記事を指示した。

通常この記者会見は宣伝省のフリッチェと、ヒトラーの指令書である戦時直接指令書(ターゲスパロール)を発する権限を持つ、宣伝省第一次官でヒトラーの広報官でもあるオットー・ディートリッヒの代理人、外務省の代表、国防軍最高司令部の代表らが参加した。その記者会見では外務省からの代表者が、フリッチェとは同意見ではないと慎重な言い回しで表明することもしばしばだった。実際には見えない裏舞台でゲッベルスとリッベントロップは文書の往復をもって激しい論争を行なっていた。

ゲッベルスの宣伝戦は一九三九年のポーランドと一九四〇年のフランスを敗北させるのに大きな役割を担ったが、勝利後の占領国を心理的に従属させることには失敗した。支配された国民は精神的に屈服せずに地下新聞や地下運動で抵抗し、治安に任ずる駐屯陸軍、親衛隊や秘密警察ゲシュタポ、国防軍情報部（アプヴェァ）は抵抗運動組織の壊滅を図った。

この事態に対してゲッベルスは、三〇年から四〇年後に全ヨーロッパを我々の原理（主義）に同化させて勝利を獲得すると述べて占領国に対する宣伝を強化しようとしたが、親衛隊を中心とする抑圧政策下ではそのような手段を不可能にした。そして、かつてゲッベルスらが稚拙だとして嘲笑った英国のＢＢＣ放送は、反ナチ運動の精神的な支援を行なってドイツに占領された国民の間で人気が上昇していた。

ゲッベルスは宣伝の分野では練習生であるはずのＢＢＣ放送が、自分たちの手法を研究して今や強敵になっていたことを思い知らされた。例えば、一〇年前にゲッベルスは対英放送で英ブリューニング首相の演説レコードを利用して、適当な個所で止めて反論や皮肉な注釈を入れて攻撃したが、今度はＢＢＣ放送がこの手法を使った。ＢＢＣ放送はヒトラーの演説レコードをかけながらゲッベルスと同様に効果的な反駁を行なった。なにしろヒトラーの演説は結果的に見てその場限りの虚言が多かったので、英側の反論はまさにぴしっと決まったのである。

ヒトラーは言う「チェコスロバキアをドイツの領土とする考えはない」。ここで、レコードが止められてＢＢＣ放送の解説者がドイツ軍によるプラハ侵攻の事実を述べる。また「数

ベーマー通信が流した英巡洋艦撃沈の虚偽記事を読むドイツ兵士だがヒトラーも騙された。

週間以内に英国を屈服させる」というくだりになると、これはわずかに一年前の話なのだと聴取者に記憶を思い起こさせた。また、ある演説では「一九四〇年のクリスマスには戦争は終わる」と述べると、解説者がもう一九四一年であると反論した。

このような攻撃はヒトラーだけではない、もっとも攻撃対象にされたのは無論ゲッベルス本人だった。

一九四一年夏にルーズベルトとチャーチルは大西洋憲章を宣言した。これは第二次世界大戦後の世界平和の回復のための基本原則であった。ゲッベルスは大西洋憲章をけなしてから、ドイツ指導のもとで新ヨーロッパ秩序の推進が可能だと述べたが、その根拠は、連合国側に新ヨーロッパ秩序に対抗する建設的理念がないからだとしたのである。

このころはまだ宣伝省による外国特派員の記事検閲はなかったものの、特派員たちの電報はすべてチェックされていた。その結果、ドイツのためにならない記事を送った特派員の電話通信や電報の送信拒否の手段が取られた。また、宣伝省が裏で糸を引く「シュバルツ・ヴァン・ベルグ」という外国特派員へ興味ある記事を提供する怪しい会社があり、そのほかに

BAP通信社（ベーマー通信社）という虚報専門の機関もあった。

そのエピソードとして、ノルウェーのトロンヘイム港外で英巡洋艦が撃沈されたというニュースが海外で報道されたことがあり、外務大臣のリッベントロップの注進によりヒトラーが喜んだ。しかし、これは心理戦のための捏造記事だったので、ゲッベルスが謀略的虚報であることをヒトラーに納得させるのにひと苦労したというエピソードがある。

また、ゲッベルスは様々な特典を外国の特派員に与えて懐柔しようとした。当時外国人記者クラブは二つあって一日二〇本のたばこの特配や食事の接待もあり、宣伝省と国策映画会社UFA（ウーファー）からの「寄付金」もあった。このために米国、スイス、スウェーデンの記者を除いてバルカン諸国からの特派員などは多いに潤った。だが、これらのあの手この手に乗らない記者がいたが、この独裁国家において不思議なことに彼らの身に異変が起きたことはなかった。

1941年春、ロシア侵攻に先だちドイツ軍によってユーゴスラビアとギリシャが攻撃された。

一九四一年四月にドイツ軍はマリタ作戦によりユーゴースラビアを占領したのちにギリシャ本土とエーゲ海島嶼部へ兵を進めて、二ヵ月後に迫ったソビエト侵攻戦の南翼を安全にした。そんな一九四一年五月十日の夕刻、国家社会主義ドイツ労働者党副総統ルドルフ・ヘスが、ベルリン・オリンピック時に訪独したことのある英国のダグラス・ハミルトン公を勝手に和平交渉の仲介者となるだろうと解釈して、単独でメッサーシュミットBｆ110双発機を操縦して英国へ飛行していった。

これはナチ政権にとっては大事件であり、どのように国民に知らせるかが議論された。宣伝省第一次官でヒトラーの報道官であるオットー・ディートリッヒは、「ヘスは一時的に発狂をきたして和平主義願望のために英国へ向かったが、敵に渡すべきものはなにひとつない」と発表すべきだとした。

ゲッベルスを支えた一人であるルドルフ・ゼムラーの書『ヒトラーに次ぐ男ゲッベルス』にはこの一連の出来事が書かれている。それによれば、ゲッベルスはこの事件に大きな衝撃を受けた。そして、指示を求める右腕のハンス・フリッチェに向かって、「これは、どんな優れた宣伝者でもどうしようもない事態だ。君の好きなように片付けてくれ」と無責任にも放り出してしまった。そうではあったが、ゲッベルスは国民に与える影響を考えれば「ナチ政権幹部が発狂した」などという発表文はとうてい受け入れ難いと反対して、ヒトラーと総統官邸の庭を歩きながら協議した。

ヒトラーはゲッベルスにヘスが英国へ飛行する前に面会にやってきて、英国に対する政策に変更はないかと尋ねたので「変更はない」と答えたと述べ、ゲッベルスはこの事件は政治的に見れば測り知れない損失であると語ったが、もはやどうにもならない事態だった。もっとも、その後もヘスの家族がずっと年金を受け取ることができたというのは、ちょっとしたエピソードではある。それはともかくとして、少なくとも英国がヘスの渡英飛行を発表する前に手を打てたのは、逃げ回ってしまったゲッベルスよりも宣伝省の有能な職員たちによるささやかな成功であった。

それから一ヵ月後の一九四一年六月にヒトラーの最終目標であったソビエトへバルバロッサ作戦をもってドイツ軍の侵攻が開始された。ゲッベルスがこの作戦を知ったのは、ヒトラーの密かな作戦準備命令が発せられた一九四〇年十二月中旬だとされる。また、別説では翌一九四一年二月初旬の侵攻作戦に関する秘密会議の後だともいわれるが、いずれにしても、ゲッベルスがこのソビエト侵攻を非常に不安がっていたのは事実である。

1940年５月10日、副総統ヘスが英国へ和平と称して単独飛行していったがゲッベルスはこの難題から逃げてしまった。

だが、宣伝省は動かねばならない。一九四一年六月初旬にゲッベルスはドイツ空挺部隊が英国へ奇襲をかけるという含みのある論説を、ナチ政権の代弁新聞であるフェルキッシャー・ベオバハター紙に掲載した。すると、すぐに親衛隊の秘密警察（ゲシュタポ）が新聞を回収したので、人人はゲッベルスが軍の機密を発表してしまったからだと考えた。他方、外国の特派員は回収された記事を読んで、それぞれの本国へ特種扱いで記事送稿を行なった。一方でゲッベルスは宣伝省の新聞に関係する職員たちを集めて、「多くの人々は対ソ戦があると考えているようだが、そうではない。英国との戦いこそが目前なのである」と述べた。つまり、ゲッベルスは東方のソビエトから人々の関心と目を逸らすために、論説を書いて新聞押収を命じ、自分の職員に嘘をつくという、自作自演の周到な欺瞞策を講じたのである。

ソビエト侵攻が切迫した一九四一年六月二十一日の夜にゲッベルスはベルリン近郊の三つ目の家であるシュヴァネンヴェルダー（白鳥湖）の別荘に、宣伝省の幹部局長数名を集めてソビエト侵攻作戦の開始を告げた。六月二十二日の午前五時に外務大臣リッベントロップも記者会見を行なって、ドイツ軍による対ソ作戦の開始が発表された。ゲッベルスはドイツ放送を通じて国民に直接対ソ戦の開始を告げるとともに、再び先頭に立って宣伝戦を開始し、「ソビエトが不可侵条約を順守しなかった」「腐敗した共産主義の謀略」などをラジオ放送で語った。

対ソ戦初期のドイツ軍の進撃は目覚ましく、ソビエト軍は撤退につぐ撤退を重ねて甚大な損害を被っていた。ヒトラーはこの勝利に楽天的となり、国防軍も完全な勝利は目前であるという雰囲気の公報を連発した。

第11章　ロシア戦線

ドイツ軍最大の軍事イベントである対ソビエト「バルバロッサ作戦」時に、ゲッベルスは宣伝省の大臣室の隣の室に泊まって備えた。ヒトラーはいつもの直感による勝利の幻覚に取り憑かれていたが、ゲッベルスはロシアの民心を掌握する宣伝戦の展開が重要であるとヒトラーに提言した。だが、このゲッベルスの提案は党理論家のローゼンベルグに判断が任された結果、「ロシア人を対象に宣伝運動を行なっても時間の無駄である」と結論された。

しかし、ゲッベルスの側近の一人だったルドルフ・ゼムラーの日記によれば、捕虜の赤軍高級将校はソビエトが自由な国家になるという提案をドイツが行なえば、赤軍から多数の将兵が脱走した可能性が高かったと述べられている。これは仮に実行されたとしても結局は、空手形に終わったであろう。だが、ゲッベルスの着眼点はこうした宣伝戦の本質を的確に突いていたのである。

ここで、ゲッベルスはソビエト侵攻一ヵ月後にソビエトの占領地に「レーニン主義者」と

1941年６月22日、ロシア侵攻戦を放送するゲッベルス。右端はヒトラーの報道官でもあったオットー・ディートリッヒ。背後で横向きは放送局長ハダモウスキー。

いう秘密放送局を設けることを決定した。ここで、利用したのは一九三六年のスターリンの粛清後にドイツへ逃避していた、ドイツ生まれのロシア人であるアルブレヒトという人物だったが、ソビエト国内のスターリン主義政権に対する大衆の不満の声を放送することで放送宣伝戦を行なった。

ゲッベルスにとって米国の動向は重要事であった。米国がこの大戦に連合国側へ加わればドイツにとって破滅的になることを知っていたからである。このために、次の宣伝戦の優先順位を高くして「米国の中立化」に力を注いだが、一九四一年七月にドイツ宣伝省の在米事務所は米国政府により閉鎖されて、職員はドイツへ追放されてしまった。

ドイツ軍の東部戦線の夏の進撃は終わった。一九四一年十二月初旬にドイツ軍は厳冬を避けて後方に退くべきであったがヒトラーはそれを許さず、一方で赤軍はすべての戦線で反撃行動に出てドイツ軍の薄い前線は危機に瀕した。ゲッベルスは「ドイツは最大の重要な時を迎えている。勝利はドイツにあらゆる利益を与えるが敗北はすべてを失う」と放送で語った

△1941年夏のロシア戦は電撃的勝利の進撃が続く。草原を行く装甲師団の2号戦車群。▽ロシア戦の勝利は半年で苦難の戦争に変わった。冬期戦の準備のない補給部隊。

△1941年末にゲッベルスは国民に前線へ冬期衣類の供出を求めた。車両後部に国民供出の文字が見える。▽「供出運動」はゲッベルスの国民へのショック手段であり国内事情の悪さに耐えさせた。

が、「敗北」という事態について初めて触れたのは重要なことであった。

短期決戦と楽観視した戦争指導部は冬期戦の準備をせず、極寒の中で三〇〇万人以上の巨大な侵攻軍が夏の軍服のままで防寒服も冬期装備もなしで凍りついた。自慢の戦車をはじめとする機械化部隊の装甲戦闘車両も、航空機も、火砲も動かなくなり、前線の軍司令官は悲痛な声で冬期装備の急送を求めた。

ゲッベルスは一九四一年十二月二十一日に国民に冬期衣類の供出運動を展開して、「国民のセーター、毛布、冬下着、帽子、手袋は東部戦線の兵士を助けることができ、我々は勝利へ向かうことができる」と訴えた。

これには勝利宣伝に慣れた国民はびっくりして、あの堂々たるドイツ軍が極寒の地で壊滅しかけているのは本当かと震え上がったのである。この供出運動では衣類が一〇〇〇万点におよんだと宣伝されたが、実際はその半分以下であった、しかも前線への輸送手段がなく、結局ポーランドの倉庫に山積されたままであった。しかしながら宣伝戦の分野ではゲッベルスが意図したとおり、ドイツ国民は重大事になっているロシア戦線の戦況報道に関心を寄せ、前線の兵士の労苦を思い、国内状況の悪化に耐えたのである。

一九四一年十二月七日（日本では八日）に日本海軍機動部隊による、ハワイのパールハーバー奇襲によって日米が開戦すると、ヒトラーは「中立条約侵犯」を理由として十二月十一日／十二日にかけて米国へ宣戦布告をなした。ゲッベルスは二四時間態勢の宣伝省の大臣室であらゆるニュースを集めていたが、第一次大戦時に米国の参戦によりドイツが決定的に敗北したことを国民が忘れていないことも知っていた。ゲッベルスは大衆に向かい「米国を恐れない」「今日のような絶好の機会はない」「今回は力を蓄積したドイツが宣戦布告をして主導権を握った」「総統の洞察力」といった類のキャンペーンを展開した。しかしながら、どうにもならない問題があった。すなわち西方と東方の二正面戦線が第一次大戦時と同様に出現したことだった。

これまでに二正面作戦こそ第一次大戦の敗北原因であると語っていたヒトラーの言葉は虚言になってしまった。そこで、ゲッベルスは「英国は事実上敗北しているが彼らが認めないだけであり、第二戦線が開始されたのではない」と強弁した。ここで、ゲッベルスは最大の敵はボルシェヴィズム（過激主義）と世界的なユダヤ資本家であり、彼らが共同して世界的謀略を企てているというスローガンをもって事態の突破を図った。だが、もう一方の口で宣伝省の幹部らに内々で国際的なユダヤ民族はなく、ロンドンの金融街やニューヨークのウォール街にいるユダヤ銀行家は、スターリンのクレムリン宮殿にいるユダヤ人らと利害が一致することなどはないと話していた。

「我々がボルシェヴィズムの脅威を鎮め、1942年の勝利のために戦う」という反ソ・キャンペーン・ポスター。

占領フランス国内に配布されたUボート戦3000万トン撃沈の誇大戦果ポスター。

戦争のテンポと情勢の流れは極めて早く、しだいに激烈の度を増していった。ゲッベルスは政治的な宣伝のほかに重要な国民士気の高揚を図らねばならなかった。その対象として荒々しい大西洋の海深く潜航して敵の艦船を狙う、どことなく神秘性のあるUボート（潜水艦）の活躍を選び、海軍から得た撃沈報告書をもとにして勝手に戦果を水増しして国民に発表した。英国の放送はドイツの発表する撃沈トン数はまったく信用できないと反論すると、ゲッベルスは「戦果は正確と確実性を旨とするドイツ海軍士官の報告と多くの目撃証言にもとづくものである」と再反論した。

そして一九四二年一月から翌四三年までUボートを主題とするキャンペーンを続行した。曰く「米国の生産する援英支援物資はUボートに沈められて絶対に戦場には届かない。それゆえ、ドイツにとっての脅威とはならない」「Uボートの果敢な攻撃は驚異的な戦果をあげている」などなどである。

確かにUボートの戦果は驚くほど増加しており、一九三九年は一四七隻五一万トン、一九四〇年は五二〇隻二四七万トン、一九四一年は四五八隻二三〇万トン、一九四二年は一一五

▷ゲッベルスは英雄を好んで媒体に取り上げた。戦艦ロイヤル・オーク撃沈のU47潜の艦長プリーン中尉。◁1942年北アフリカ戦線の撃墜エースだったハンス・マルセイユ中尉を表紙にした「ヴェアマハト（国防軍）」誌。

五隻六一五万トンであった。それゆえにゲッベルスには大戦前半の宣伝戦にあたり、国民に勝利を確信させ得る素晴らしい宣伝材料だったのである。

　しかし、これは一九四三年になると連合軍の科学技術の進歩により、新型レーダーと対潜水艦兵器が登場してUボートは制圧されてしまった。このためにUボート数は増加したにもかかわらず一九四三年は四五七隻二五三万七〇〇〇トンに減り、一九四四年は一二七隻七七万三〇〇〇トン、一九四五年は六三隻二八万五〇〇〇トンと坂道を転げ落ちてゆくような戦果に激減した。一方、米国の巨大な造船能力はUボートによる損害を埋め合わせてしまい急速に増加していった。

　他方、ゲッベルスは国民受けする戦争英雄を生み出して熱狂させる手法をとった。Ｕボート戦でもっとも知られるケースは一九三九年十月十四日に英本国艦隊泊地であるスカパフローへ単艦潜入して、戦艦ロイヤル・オークを撃沈したギュンター・プリーン中尉である。プリーンは新聞各紙、雑誌「シグナル」、ドイツ放送などでドイツ本国の隅々まで知らされたが、一九四一年三月八日に乗艦は撃沈されてしまった。

また、ゲッベルスは空軍の華々しく撃墜数を競うエース・パイロット、例えば、北アフリカ戦線でＢｆ109戦闘機で英軍機を相手に撃墜を重ねるハンス・ヨアヒム・マルセイユ中尉や、大英航空戦でドイツ空軍を代表する戦闘飛行隊を率いるアドルフ・ガーランド大尉なども同様に新聞雑誌に取り上げて宣伝に用いた。

ヒトラーもゲッベルスも真のナチ主義者ではない国防軍将官の英雄化は好まなかったが、北アフリカ戦線で英軍相手に戦うエルヴィン・ロンメル元帥はヒトラーの護衛隊長を務めたという経歴からナチ権力者から反感を持たれていなかったという背景があった。このためにＰＫ（ペーカー）宣伝中隊の報道記者が「ロンメルは自らの危険を顧みず、常に最前線で部下とともに戦って勝利を獲得する素晴らしい将軍」と書いた。事実、北アフリカ戦線では一九四一年三月～四二年夏までの間、ロンメルのアフリカ機甲軍が少ない戦力ながら戦車と機械化部隊を率いて英軍に勝利していた。ゲッベルスはこのロンメルの率直さと優れた戦場指揮官の行動に共感を持ち、このような人物が国民の戦意高揚にはもってこいだと考えてベルリンでたびたび彼と会った。

一九四一年十月初旬に時期を失したものの、ヒトラーは東部戦線で戦うドイツ軍にモスクワを占領するタイフーン作戦の開始を指令して、「これから始まる決戦によって敵は壊滅する」と告知した。この総統談話に従って、ヒトラーの報道官でもあったオットー・ディートリッヒは外国特派員を対象とする記者会見を開いて、「対ヴォルシェヴィキ戦闘は終了した」と述べた。

これは、ゲッベルスから見ればまことに危険かつ無責任な公約であり、ひいては国家宣伝上の失敗になるとして少なくとも国内新聞には掲載させなかった。そしてラジオ放送を通じて「対ソ戦の結末は確定しているが戦争が終わるということではない」と、ヒトラーと政府報道官ディートリッヒによる発表を鵜呑みにさせないようにと国民の楽観視を戒めた。

このころになると、英国はドイツが快進撃時にヒトラーが出した戦争勝利のスケジュールと幾つもの公約という手形が不渡りであったと攻撃して、「いまだに戦争は終わっていないではないか」と嘲笑って宣伝戦の主導権を握った。これに対してゲッベルスはヒトラーの無用心で楽観的な演説や発表をネタにされて宣伝戦の先手を取られたことにいらいらしていた。

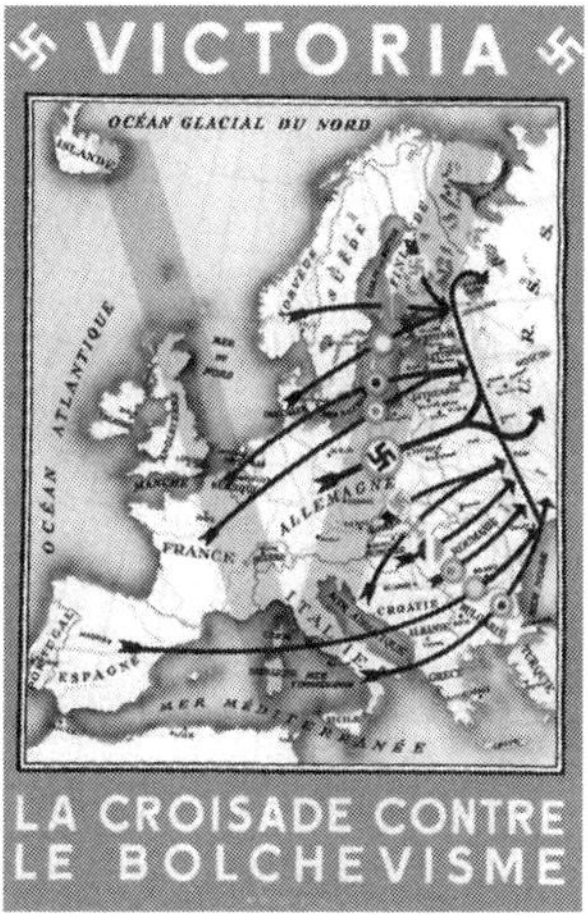

そこでゲッベルスは、「総統による

占領下のフランスに貼られた「対ボルシェヴィズム十字軍」の宣伝ポスター。

勝利は総統のスケジュールに沿うものであり、英国のスケジュールに従うものではない」と述べ、加えて、ヒトラーの楽観論に反対するかのように「勝利がいつになるのかは誰にも分からない」と付言した。

ゲッベルスは宣伝省の職員たちに、戦争が長引いてこれからドイツにとってはもっと厳しい状況になり得る、と的確に予測を述べて、そのときに国民が耐える準備をしなければならないと主張した。そして、PK宣伝中隊に派遣されたニュース映画と写真カメラマン、新聞、放送記者たちに対しても、残酷な戦場で流される血と多数の戦死傷者、非情な爆撃、砲撃で吹き飛ぶ村、兵士の飢餓、破壊された兵器、無数の負傷者の本国送還など、本当の戦場をドイツ国民に知らせるように求めた。

一九四一年夏のソビエト侵攻作戦時の進撃により肥沃なウクライナのトウモロコシ畑がドイツ軍に占領されてドイツの移住農民が入植したが、彼らはスラブ人農民の二倍の収穫を挙げ得ることは明らかであった。ロシアの巨大な草原が農地化されて適切に管理されるならば、ヨーロッパ大陸が必要とする食糧を十分に供給することができるだろうと予測された。このような状況のもとで宣伝省には占領したクリミアやコーカサスを、戦争が終了した後にどうあつかうのかという質問が多くの兵士たちから寄せられた。

一九四二年にドイツは西方で欧州占領地を保持し、東はソビエトのドン川からスペイン国境まで、北はノルウェーから南のギリシャまでの範囲を支配して勢力の頂点にあったが、これは一四〇〇年前のナポレオン以降、最大の制覇地域であることを示していた。

ゲッベルスは一九三九年〜四一年の間は、フランス戦線で要地セダンを突破する戦車の轟音、北フランスのダンケルク海岸で撤退する英仏軍を襲うＪｕ87シュツーカ急降下爆撃機の急降下音といった、刺激的で視覚的な宣伝手法をもってドイツの世論に影響を与えていた。

だが、一九四二年十月になると、北アフリカのエル・アラメインにおける英軍大攻勢によるロンメル元帥のアフリカ機甲軍の大敗走があり、ロシア戦線ではモスクワを占領することができず、反対に点と線だけで結ばれたドイツ軍戦線は各地で赤軍の活発な反撃を受ける戦況となりドイツは苦しくなっていた。

△「鋤と剣―勝利の保証」のスローガンの下で国民の士気を維持した。▽レオポルト宮殿（宣伝省）のバルコニーに並ぶゲッベルスとヒトラーの下に集まった大衆。

第12章　栄光の終わり

これまでの戦況の変化により、ゲッベルスの総体的な活動は変化せざるを得なくなった。それは、とりもなおさずドイツ軍の撤退や敗北という国防軍の失敗を埋め合わせることだった。ここでゲッベルスは宣伝家本来の役割である「国民に強い影響を与える宣伝を用いて世論を操作する」ことを実行しなければならず、再びゲッベルスのかつての手法が用いられることになった。一九四二年半ばの戦場におけるドイツ軍の電撃的な勝利はすでになく、ヒトラーが多発する空公約の後始末もまた大変であった。

ゲッベルスはヒトラーをかねてドイツの英雄フレデリック大王の再来と称えていたが、一九四二年半ばになるとドイツにおける最大の軍事的天才とトーンを落としたものの、相変わらず超人の域に置いていた。一九六〇年に『ゲッベルス博士・生と死』を書いたロジャー・マンヴェルとハインリッヒ・フランケルによれば、ゲッベルスは「自分に見えてきたヒトラーの実像に眼をつぶっていた」と記されるが、これはヒトラーを神的に崇拝してきたゲッベ

1942年に戦場に出たフリッチェの後任となったヴェルナー・ナウマンで1944年に第二次官。

ルスが微妙な心境の変化をきたした重要なターニング・ポイントである。

英国のBBC放送は日々、過去のヒトラーとゲッベルスが大衆相手に語った約束違反を痛烈に突いたので、新ヨーロッパ秩序の空宣伝は吹き飛んでしまい、ゲッベルスが素人だと嘲笑った相手に宣伝戦の主導権を握られてしまった。

国内新聞局長のハンス・フリッチェは新聞から嘘を排除して、レベルの向上をもって大衆の信用を獲得しようとしたがうまくゆかず、たびたびゲッベルスと衝突した結果、一九四二年初期に志願して東部戦線へと出征してしまい、ゲッベルスは当時三〇歳をちょっと過ぎた端正な容貌を有するヴェルナー・ナウマンをフリッチェの後任に据えた。

このナウマンは一九〇九年生まれのナチ党生え抜き党員の一人で、当初は突撃隊で活動し、一九三三年の宣伝省創設時にゲッベルス付きの専属官となり、一九三七年にブレスラウの宣伝監督官を務めるとともに親衛隊（SS）将校でもあった。第二次大戦初期の一九四〇年には武装親衛隊のエリートでヒトラーの護衛隊だったSS親衛連隊（のちの第一SS装甲師団）の大隊長として戦場に出たが、負傷して帰国した。傷が癒えたのちの一九四二年に宣伝省へ復帰してフリッチェの後釜となり、のちの一九四四年に宣伝省第二次官のレオポルト・グッテラーの後任となった。ナウマンはゲッベルスと常に行動をともにして活動し、ゲッベルスもまたナウマンを信頼して大きな権限を与えたほどだった。

新聞も放送もゲッベルスが発出した無数の思いつき指令と細かい規則によって縛られることになり、あらゆる行動の自由を失ったために当然ながら内容は画一的でまったく面白くなくなっていた。それでも、ゲッベルスは幾つかの新機軸を取り入れる努力をした。

そのような一つの企画としてPK（ペーカー）宣伝中隊の報道記者が戦場で兵士や士官に直接録音インタビューを取り、宣伝省へ送ってそのインタビューの合間に解説を入れるという番組があった。また、「ドイツ週刊ニュース」映画へ軍事以外のトピックを導入して国民の関心を引く手法をもって梃入れ（てこいれ）を図った。こうした宣伝策の中でもっとも効果を挙げたのはゲッベルスが創刊したデァ・アングリフ紙の論説をラジオで毎週放送する番組だった。文章の達人といわれたゲッベルスの論説は決定的公約を入れず、また楽観主義を排除することを意図していて、長期化した戦争による国民の不安を押さえるのに役立ったとされる。

ゲッベルスの宣伝戦におけるもう1人の強敵はソビエトのソロモン・ロゾフスキーであった。

ところで、ゲッベルスの宣伝戦上の敵は英米だけでなく、もう一つの強敵はソビエトであった。ソロモン・アブラモビッチ・ロゾフスキーはユダヤ系のロシア人でヨーロッパ知識の豊富な政治家で、ソビエト連邦の副外務大臣にあたる人民外務委員代理でソビエト情報局副総裁も務めた人物である。ソビエトではこのロゾフスキーの主導によって効果的な対独宣伝を実施した。

一九四一年夏から、初めてドイッチュラントゼンダー（ドイツ放送）のニュース放送中に突然、妨害電波が割り込んできた。この妨害電波はモスクワの強力な送信所からドイツ放送の波長に合わせて送られたもので、ドイツ・アナウンサーがラジオでニュースを語ると、突然「それは嘘である！」とか「戦果の訂正！」などと言って妨害するのである。こうした妨害電波が極めて効果があると知ったソビエト側は様々な電波妨害手法を駆使した。

ある例では、ドイツ放送の波長に乗ったヒトラーやゲッベルスそっくりな声音でドイツ敗北が語られた。また、戦場で捕虜になったドイツ兵士が身につけていた故郷からの手紙も利用された。ある兵士の母からの手紙は「家族が病気になったが効果的な薬も栄養をつけるための食料も得ることができない」と苦境を訴えていた。ソビエトの宣伝放送はこの母の氏名と住所を詳しく伝えたのちに、ベルリンのナチ政権幹部が使う特別なレストランへ行くように助言して、「しかし、価格は途方もなく高価である」と締めくくった。

こうした心理戦は市民に疑心暗鬼を生み出す大きな効果があって、ゲッベルスは神経をきりきりと尖らせた。今や戦場は勿論のこと、ゲッベルスもまた東西両陣営を相手に宣伝の二正面作戦にあたらなければならなくなったのである。

国防軍の戦争指導部は第一次大戦時の経験から、二正面戦争はドイツにとってもっとも脅威だと考えていたにも関わらず、ヒトラーの政治的判断に引きずられて再び東西の敵と対峙しなければならなくなった。他方、ソビエトのスターリンは英米に対してドイツ軍を引きつ

ゲッベルスを無頼漢と断じたソビエトの政治コミック画。

これもゲッベルスを嘲笑したコミック画である。曰く、アーリア人とは何か？　彼（ミッキーマウス）はゲッベルス同様にハンサムだ。

けておける西方での第二戦線の実行を執拗に要求していた。

これに沿ったものとして一九四二年八月十二日に西欧州の北フランスのディエップ海岸へ「ジュビリー作戦（将来の欧州反攻戦の予行演習説もある）」という、英・カナダ軍による強襲上陸が行なわれたが、これはドイツ軍の防備が固くて、連合軍側も予測したとおり結果は失敗に終わった。ゲッベルスはこの上陸作戦の失敗を見て「第二戦線（二正面作戦）は決して成功しない」という宣伝に利用した。

そうした宣伝キャンペーンの例として、「第二戦線を設けることは連合軍にとって狂気的かつ破滅的な行動である」「ヨーロッパへ入るドアは閉ざされた」「ドイツ軍はチャーチルの英軍を歓迎しようと待ち構えている」などがあった。ここで重要なことは「この上陸作戦の失敗はチャーチル首相がソビエトと米国に対して、ヨーロッパへの侵攻は不可能だと証明することになった連合国の政治的背景」をゲッベルスが正確に透過していたことだった。

一九四二年夏にソビエト南部の重要な工業都市スターリングラード（現在ヴォルゴグラード）の攻防戦が開始された。だが、同年十月に極寒地ロシアの対極にある熱砂の北アフリカ戦線で、ロンメルのアフリカ機甲軍はモントゴメリー大将指揮する英第八軍の猛攻撃により大敗北を喫してチュニジアへ敗走した。同年十一月八日、英米軍は北アフリカのモロッコへ上陸してチュニジアに在る独伊機甲軍の側面を突いたために崩壊は目前の問題となった。

この国防軍の失態の後始末に対してはゲッベルスも宣伝の手の打ちようがなく、自分たちがヨーロッパを強奪しておきながら一方の口で、「ルーズベルトとチャーチルは国際法を踏

1942年８月に英・カナダ軍による北フランスのディエップ海岸に奇襲上陸が行なわれたが失敗に終わり、ゲッベルスは宣伝に大いに利用した。

などと八つ当たり的なキャンペーンになってしまった。ゲッベルスは日ごろの精彩はなく「退却は残念だが、その退却は全戦況に重要な影響を与えるものではない」と遠い北アフリカでの戦争はドイツには関係がないといわんばかりの言い逃れに終始した。

みにじった」「帝国主義の本性の暴露」

ゲッベルスはドイツ国民の感覚が地中海の向こうにある砂漠地帯の北アフリカ戦線をよく知らないが、東部のロシア戦線と西方欧州戦線は身近な戦場であるという感覚を利用して、「北アフリカは辺境の争いに過ぎず、主戦場はヨーロッパとロシアである」と国民に説明した。だが、現実の北アフリカ戦線はロシアの戦場よりもドイツに近かったのである。

今、ゲッベルスの手には国民に公表できる勝利のニュースは何もなかった。そこで、「宣伝省の公表事項は世界の国々のラジオで聴かれ、また、新聞も読まれている。現在、国民に公表すべきことがあるものの海外へ流れれば国益を著しく損なうことを考慮しなければならない」などと理由をつけて、しばらく沈黙を守っていたが大半のドイツ国民はそれを理解した。

東部戦線では一九四二年十一月にロシア南方の工業都市スターリングラードを、ドイツ軍が薄い包囲陣を形成したので、ヒトラーは同市を確保したと公表したが、到来する極寒とともに間もなくドイツ軍が崩壊する序曲であった。

ドイツの戦争は短期終結どころか、ますます混迷の度を深めていた。一九四二年後半のゲッベルスの日々は超多忙であり、午前六時、宣伝省のゲッベルスのデスク上に省内の書類搬送シューターから大臣宛ての報告書類を入れた容器が次々と送られてくる。担当者はそれらの書類容器を前夜から別室で待機する夜勤の秘書へ渡し、秘書は容器を開封すると書類をまとめて連絡使へ引き渡す。連絡使は宣伝省の付近にある宣伝大臣邸かベルリン郊外のシュヴァネンヴェルダーの別荘、あるいはランケの家へオートバイで運んで待機する秘書に渡す。秘書は朝のお茶を飲みながら書類を読んで事前に重要ニュースを把握し、重要な事項の下に赤線を引いてから寝室にいるゲッベルスに届ける。

午前九時にゲッベルスは黒いメルセデス・ベンツで宣伝省に登庁すると、副官と秘書のほかに親衛隊保安課報局（ＳＤ）所属の警護隊指揮官らが出迎える。彼らをともなったゲッベルスは省内の秘書室を通過して大臣室へ入ると、すぐさま資料の山に埋もれて格闘をする。続いて、第二次官、第三次官らと打ち合わせがすむと、速記者に一〇分ほどの口述筆記をさせる。そして、午前十一時三十分に国防省の連絡将校が来て戦況を説明する。このころ、宣伝省前には多くの車がやってきて二〇名ほどが集まり、ゲッベルスを議長にした会議が開か

◁スターリングラードでドイツ第６軍が壊滅した。1943年１月30日に捕虜となったパウルス元帥で左後方はシュミット参謀長。▷1943年５月にチュニジアは失われた。ベルリンへ戻ったロンメル（先頭左）を英雄として扱ったゲッベルス（先頭右）。

れて幾つかの具体的な指示が出されるが、その日の宣伝大臣の機嫌の好悪で雰囲気は一変した。

昼には副官、秘書、場合によっては来訪者を交えてゲッベルスの私邸で食事をとった後に二時間ほど午睡をとるが、このとき随行者たちも夜までの仕事に備えて一緒に昼寝をするのである。午後は国防軍の将官たち、映画製作者や監督、陸海空軍の騎士十字章受章者らと面会する。

また、ゲッベルスは影響下にある演説者や大管区指導者らと会うが、諸君は身内であるから内々の事実を話すと前置きして「戦況好転いちじるしい」「新兵器が戦況を変える」「生産は増強している」「新計画が推進中である」などと冷静に語って皆を納得させた。

ゲーリング元帥は一九四〇年以降、たびたび「ドイツに一発の爆弾も落とさせはしない」と威張ってみせていたが、連合国の空軍力はどんどんと強化されて戦争初期とは比べ物にならず、すでに四発戦略爆撃機のアブロ・ランカスターや米国のＢ17空の要塞によるドイツ本国爆撃によって万を数える人々が死亡していた。

二年前にドイツ空軍がロンドン爆撃を行なった時にゲッベルスは、「英国の新聞にロンドン爆撃で数名が死亡したと数行の記事が出る。すると、どこからか爆撃で死んだのは数千人だったという話が聴こえてくる」と英国の新聞を嘲笑した。だが、今やゲッベルスが当時の英国と同じ立場に置かれていて、「英国は爆撃でドイツの工業と産業を壊滅させたというが、ベルリンへ来る外国人たちは首都が変わらないことに驚いている」と反論した。

そして、一九四二年五月三十／三十一日にかけて一〇〇〇機規模の英空軍の古都ケルン夜間爆撃ミレニアム作戦が行なわれて、一時間四五分にわたって一五〇〇トンの爆弾が投下されて、ケルン市民は一万五〇〇〇戸以上の家々を失った。このときゲッベルスは、「英米の新聞はケルン爆撃では死傷者二万人と書きたてるが、我々が失ったのは五〇〇名である」と平然と嘘を発表した。

まだベルリンは大編隊による爆撃に遭遇してはいなかったが、ゲッベルスはいずれ連合国空軍による大規模な爆撃があるだろうと考えていた。このために、ケルンのような爆撃による惨禍は隠し通せるものではないとして、宣伝戦の方針を変更して爆撃の実態を新聞で報道するように命じた。ここで、ゲッベルスは連合国空軍による「恐怖爆撃」という言葉を用いて国民に非戦闘員の婦女子を殺害する野蛮さを吹き込み始めた。だが、それは一九四〇年のドイツ空軍によるロンドン爆撃も同じだったのである。それにもかかわらず、平気で恐怖爆撃を宣伝したのは、かつてドイツ空軍の大爆撃で「炎上するロンドン」と大騒ぎした報道を国民がとうに忘れていると判断した一種の冒険的な方策であった。

1942年９月、英空軍の1000機爆撃によって消滅した古都ケルン。焦土作戦の始まりだった。

一九四二年九月以降、ドイツの新聞は全国会議においてゲッベルスの指令により連合国空軍の夜間爆撃が国民に与える恐怖と陰惨さを報道するようになった。彼自身も爆撃された都市へ赴いて被災者にパンや毛布を提供したが、そんなときに市民の一部でゲッベルスに恨みの言葉を投げつける者もあったが、表情も変えずに無視した。その上、ゲッベルスは連合軍によるドイツへの猛爆撃から一つの利点を生み出すことさえしたのである。それは、無差別爆撃の殺戮を報道して国民を激怒させることによって、一致団結して戦争継続にあたらせるのに効果があったからである。もう一つはヒトラー体制に反対して戦争を中止させようという、連携のない幾つかの反ナチ・グループの人々も、大規模な爆撃によってその運動エネルギーが散逸させられたことだった。

一九四三年一月、モロッコのカサブランカで連合国のドイツに対する無条件降伏方針が世界に向けて宣言された。ゲッベルスはすぐに反応して、「カサブランカ宣言はドイツ国民の奴隷化である」と放送した。もはやドイツの戦争に目を見張るような勝利はなく、ヒトラーに対する熱狂もしだいに消えて、大衆はナチ政権下で不安と恐怖に怯えて一体化せず、重大な危機的状態になっていた。

宣伝による「恐怖爆撃と無差別殺戮の怒り」だけでは国民を引っ張ることはできない。ゲッベルスは宣伝省の各局の報告書、大管区長、管区長、そして親衛隊保安課報局（ＳＤ）の報告書を読むことで、国民の反応と実態をよく知っていた。現実の戦争はヒトラーの政策決定により国民に公約を与えながら国防軍が戦争を行なっていた。ゲッベルスは進行中の宣伝の流れを彼らの状況と都合によって唐突に変更することができない立場にあった。よしんば国民を乗せた船の針路をいきなり変えようとしても、急激な転針はできないのである。

一九四二年の末から一九四三年にかけて、各地のドイツ軍の戦況が急速に悪化して敗色が漂いだした。だが、ゲッベルスは国民の士気を保って意欲の高揚を図り、ナチ政権から離反させないようにしなければならず、夜も昼も働いた。ゲッベルスはかつてドイツ軍勝利の初期戦争においては、「事実をそのまま国民に知らせれば良い。それが大衆が我々を信ずることに繋がるのだ」と述べた。だが、現況はあまりにも悪く、真実を人々に知らせたならば政権が転覆する危険性をはらんでいた。このために宣伝キャンペーンは連合国、とくに英国に対する「憎悪」ばかりになっていた。

そんな一九四二年十二月上旬にゲッベルス暗殺未遂事件が発生した。ベルリン近郊のハーフェル川に浮かぶシュヴァネンヴェルダー島のゲッベルスの別荘へ入るには車で橋を渡らなければならなかった。そこで橋を渡るゲッベルスの車をタイミングよく車ごと爆破する計画を工学博士の肩書きを持つクメロウという暗殺者が漁師に化けて実行しようとしたが、事前に計画が発覚して逮捕されると、悪名高い国民裁判によって死刑が宣告された。

この事件は無論新聞には一行も報道されず、宣伝省の幹部でさえも知らなかった。しかし、この事件を知ったヒトラーはゲッベルスに防弾装甲が施されたメルセデス・ベンツを送って必ず使用せよと命じたが、見栄っ張りなゲッベルスは「笑い物になるのを見越してどうしても使う気になれなかった」と言っていたと、ゲッベルスの側近の一人であったルドルフ・ゼムラーの日記に述べられている。

REICHS-
RUNDFUNK
UITZENDINGEN IN HET NEDERLANDSCH
(Zender Bremen 395,8 m – 758 kHz; Friesland 1875 m – 160 kHz en Donau 325,4 m – 922 kHz)

I. Uitzending van 11.45–12.30. Iederen dag om 12.15 nieuwsberichten. Bovendien om 12.00; (Bremen en Friesland):
Maandag: Van een vrouw voor een vrouw.
Dinsdag: Van Hart tot Hart. Bespreking van luisteraarsbrieven.
Woensdag: Praatje voor de vrouwen van in Duitschland werkende Nederlandsche arbeiders.
Donderdag: Voor de vrouw.
Vrijdag: Van Hart tot Hart. Bespreking van luisteraarsbrieven.
Zaterdag: Sociale problemen.
Zondag van 11.00 tot 12.15 een speciaal programma met Europeesch concert. Zondagsbeschouwing, enz.

II. Uitzending van 16.00–17.00. „Nederlandsch uurtje" met om 16.30 het Duitsche legerbericht en „Van Berlijn uit bekeken". Bovendien: (Bremen en Friesland):
Maandag: Wereldvijand Nummer Een.
Dinsdag: Het cabaret van Japie Bitterzoet.
Woensdag: Praatje voor de jeugd.
Donderdag: Beantwoording van arbeidersbrieven. Filmbespreking.
Vrijdag: Het cabaret van Japie Bitterzoet.
Zaterdag: Arbeiders-uitzending. „Kameraad, durf je te luisteren?"
Zondag: Cabaret. „In een hoekske met een boekske".

III. Uitzending van 18.45–19.00. Iedere dag nieuwsberichten.

ドイツ放送のプログラム宣伝で写真は放送局長（1942年以降）のハンス・フリッチェ。

一九四二年末には総統官房長マルチン・ボ

ルマンとゲッベルスが接近した。ボルマンはナチ党の適当な公約を流して宣伝強化を行ない、民衆を扇動して勝利の夢を見させようとした。これに賛同したゲッベルスは宣伝省独自の政策とナチ党宣伝部長としての役割を並行して行なうことになり、自らの活動と結果は矛盾することになった。

ところで、ゲッベルスは一九四二年の晩秋に、東部戦線の戦場へ行ったハンス・フリッチェをベルリンの宣伝省へ呼びもどして、今度は国内新聞局長ではなくドイツ放送の責任者に据えた。このころ、ゲッベルスは日ごろから馬鹿にして悪態をついていた「憎むべき英国のチャーチル首相」が編み出した「血と汗と涙」といった宣伝スローガンにある種の強い関心を示し、それを参考にして幾つかの宣伝手段を編み出したことは興味深い事実である。

第13章　総力戦と撤退戦

東部戦線では一九四二年十二月から一九四三年一月にかけて、赤軍がスターリングラードで一大反撃に転じて、同盟国ハンガリー軍の弱い包囲線を突破してドイツ第六軍を逆包囲した。この事態についてソビエトの公報はすでに一九四三年一月一日にスターリングラードの解囲を発表していた。

だが、ドイツ国防軍公報はずっと「防御戦闘」と報じ、一九四三年二月二日になってから「ドイツ第六軍は西方から切り離された」というまことに曖昧な表現をもって発表し、翌二月三日になってから、ようやく第六軍降伏の事実を公表したのである。

ゲッベルスは二五万人以上の犠牲が生じたスターリングラードの大敗北は国民に隠しおおせるものではないと結論すると、国家が有するすべての力を結集する総力戦の遂行を打ち出した。この「総力戦」という言葉は、第一次大戦時に帝政ドイツ軍参謀総長パウル・フォン・ヒンデンブルグの下で参謀次長を務めたエーリッヒ・ルーデンドルフ元帥の使用語だったものをゲッベルスが借用して、国力総動員を意図してドイツ国民を奮い立たせようとしたものだった。

ゲッベルスは「敗北が必然的に国民の戦闘意欲を阻喪させるのではない。国民に真実を告げて勝利するかボルシェヴィズム化するか、どちらか一つを選択させるべきだ」と述べた。かくて一九四三年一月二十四日のドイツの諸新聞には、前線に派遣されているPK宣伝中隊のカメラマン、放送記者、新聞記者などが、悲惨な戦線や苦闘する将兵の様子をさまざまな手段で国民に伝えた。

折からヒトラーの政権奪取一〇週年記念日がやってきたが、ヒトラーはいつものスポルト・パラストの演壇には登らずにゲッベルスが演説を代読した。ちょうど、その会場へ連合軍爆撃機による空爆が行なわれたが、ゲッベルスは逃げ出さずに数千人の聴衆を相手にして総力戦の遂行演説を熱心にぶって、大衆扇動を成功させた。ゲッベルスはラジオ特別放送を行なわせたが、暗く悲壮な葬送行進曲を流して軍楽隊のドラム音を効果音として用いる中で、マイクを前にした放送局長ハンス・フリッチェがスターリングラードの敗北を語った。

連合国も驚いたこの衝撃的な放送心理戦は成功して、「敗北にともなう犠牲には意味がある。敗れはしたが、兵士たちは武器を棄てずに再び軍に合流して進んでいる」とゲッベルスは叫んだ。国民は真実を告げる政権は信頼できると考えるにいたり、絶体絶命の淵からゲッベルスは這い上がって再び国民を騙せるようになった。

ゲッベルスは演説者には頭脳で話すタイプと心で話すタイプの二種があり、自分は前者でヒトラーは大衆の心理を思うように操作する技術を有する後者であると考えていた。しかし、国民を鼓舞すべきヒトラーは、勝利ないしは戦況の好転がなければラジオ放送も演説もしなかった。

一九四三年二月十八日のスポルト・パラストにおける重要な総力戦を訴える演説はゲッベルスが行なったが、これは周到に準備されたものだった。ゲッベルスの演説は入念な原稿作成と慎重な推敲ののちに、自身がどの部分で何を強調するか、ポーズとゼスチャーはどうするか、自分の魅力的な右横顔を見せる

△総力戦を訴えるゲッベルスだが演説会場には「総力戦―短期勝利」の垂れ幕が見える。▽国民を奮い立たせる総力戦のポスターだが「総力勝利」のスローガンが躍る。

ために鏡の前で左側を向くタイミングまでリハーサルをした。加えてお決まりの手法である多数の仲間を聴衆の中に潜り込ませた。

この日の演説を聴く人々一万五〇〇〇人がナチ党と宣伝省の手で集められた。ゲッベルスは新しいスタイルの演説者になり「スターリングラード戦はドイツ国民に対する大警告である！」と切り出し、「西欧二〇〇〇年の文明の危機を防ぐのは唯一つドイツ国民と国防軍である。ドイツが崩壊すれば世界がボルシェヴィズム（過激主義）に屈服することになる」と長い演説を行なって、総力戦に必要な具体的な方策を皿の上に並べた。不要不急の高級レストラン、美容院などの閉鎖をはじめとして、一人でも多くの兵士を前線へ送るために女性労働者を動員して軍需工場への配備を決めた。

だが、この一時間にわたる演説の白眉は国民に対する一〇項目の質問にあった。ゲッベルスは「敵はラジオ電波を通じてこの成り行きをじっと聴いている。諸君は敵の前で明確に答えなければならない」と問いかけた。

一、諸君は総統とともにドイツの最終的かつ全体的勝利を信じているか。

二、英国はドイツ人は戦争に疲れたというが、変転にかかわらず勝利するまで総統とともに戦争継続の覚悟があるか。

三、英国はドイツ国民が戦時労働に応じなくなったと主張するが、総統からの指令があれば、一日一〇時間、一二時間、時には一四時間から一六時間さえ労働して勝利に尽くす決心があるか。

四、英国はドイツ国民が総力戦に反対して降伏を望んでいると指摘するが、諸君は必要ならば徹底的な総力戦を求めるか。

五、英国は総統をドイツ国民が信頼しなくなったというが、諸君は総統の示すどのような道にも続行して完全な勝利を得るために絶対的な決心ができるか。

六、諸君はボルシェヴィズムを壊滅させるべく兵士と兵器を東部戦線へ送るために全力を捧げる決心を有しているか。

七、諸君は勝利を獲得するために前線の将兵にあらゆるものを捧げることを誓約できるか。

八、女性諸君に問う。男子を戦線に向かわせ、戦線の男子を支援するために国家がドイツ女性に全力を捧げることを求めるか。

九、戦争の遂行に障害となる少数の闇社会人グループ、国民の苦難を利用して平和主義を標榜する利己的な者たちに断固とした処置を求めるか。

十、最後の質問を求める。諸君は戦時における平等と義務により連帯し、貧しい者も富める者もすべてを平等に分かち合うことを望むか。

この全身全霊をかけた演説でゲッベルスは少し痩せたが、聴衆はひとつひとつに「ヤー（そうだ！）」と叫び、興奮の坩堝の中に放り込まれて再び信じ込まされて、ゲッベルスが希求する目的地へと誘導されていた。まさに、扇動家の真骨頂である。

▷ゲッベルスは有名な10の質問を国民に問いかけて、希求する目的へ誘導した。◁ベルリンのスポルト・パラストにおいてゲッベルスの10の質問に「ヤー！（そうだ）」と答える聴衆。

ゲッベルスの総力戦による、高級レストランとカフェの閉鎖方策はナチ政権ナンバー・ツーのゲーリングとの間に摩擦を引き起こした。当時のベルリンではゲーリングの庇護のもとで高級レストラン・ホルヒャーが営業していたが、閉鎖を巡って両者が対立した。ゲッベルスはいつものように手を回して、無頼漢の手でレストランのウインドーを破壊させておき、ベルリン市民が不満をぶつけて騒動を起こしているという理由を設けると、ベルリン大管区長の権限による閉鎖を求めた。だが、ゲーリングはそれならば空軍士官クラブとして運営すると応じた。この一件以後、両者の暗闘へと発展してゆくこととなった。はゲッベルスを憤慨させることとなり

確かにゲッベルスは、他のナチ幹部らと異なり食糧は配給に甘んじて特別な贅沢を避けているように見えたが、実態はそうでもない。一九四二年の所得は四〇万ライヒスマルク以上あり、ダスライヒ（帝国）紙の印税収入は三〇万ライヒスマルクもあった。

ことに目を引くのはベルリンの邸宅の庭に立派な防空壕を設けたことである。国民は自宅の工事すら許可されなかった一九四三年三月の初めに急いで工事が開始されると、日夜突貫工事で大量のコンクリートが流し込まれて六室もある防空壕が完成して、自家発電機と完全空調装置が備えつけられた。このゲッベルスの防空壕には数十万ライヒスマルクが投入されたが、ある試算では消費された資材で数百軒の住宅が建てられたとされる。

ゲッベルスに追い詰められて家族ともども自殺した俳優ヨアヒム・ゴットシャルク（右）、左は女優のパウラ・ウェスレイ。

ゲッベルスの映画好きは良く知られるところであるが、一九四三年～四四年の戦況が悪化の一途を辿るときでも自邸で毎日映画を観賞していた。占領地で接収した映画フィルム、中立国のスウェーデン、スイス、ポルトガルなどからもハリウッド映画が収集されてベルリンへ送られてきた。それから一年後にベルリンがソビエト軍に占領される数ヵ月前まで、ゲッベルスはディズニー映画を楽しんでいたほどだった。

ところで、ドイツ映画製作の全権を握るゲッベルスであったが、幾つかの事件によって映画界ではひどく不人気であった。その一つにゴットシャルク事件というのがある。ヨアヒム・ゴットシャルクはドイツ女性の憧れのスターだが、妻がユダヤ人だった。ゲッベルスは離婚しなければ俳優生命を断つと陰に陽に圧力を加えたが、ゴットシャルクは離婚しなかった。ゲッベルスはついにポーランドへ追放すると宣言すると、ゴットシャルク一家は自殺して抗議したために映画界には衝撃と怒りが渦巻いた。もう一つの事件は一九四二年の夏に起こった。映画監督のヘルベルト・セルピンが製作した作品タイタニックが国防軍を批判しているという理由で七月三十一日に彼は逮捕され、放り込まれた独房で翌日自殺した。

戦争後期の一九四三年のナチ党と指導者たちは、士気高揚のためにゲルマン民族の英雄フレデリック大王のような英雄映画を求め、ゲッベルスは一九四四年の国防軍総退却の中でも宣伝映画の製作を続けて著名な俳優たちに出演を強制した。

第二次大戦の前半においてドイツ軍が勝利を獲得している間は、連合国の宣伝は大きな効果を生むことができなかった。例えば、戦争の最初の一年はなにもできず「我々は戻る」というスローガンを繰り返すだけであり、一九四〇年と翌四一年においてもドイツを圧迫するような強力な宣伝はできなかった。しかし、連合国の宣伝が急速に活発になりゲッベルスに挑戦したのは、北アフリカ戦線でアフリカ機甲軍がチュニジアに押し込まれて、やがて壊滅するという戦略的な潮流の変化があった一九四二年十月から一九四三年春にかけてであった。

ゲッベルスは「北アフリカの戦闘はヨーロッパ全体から比べれば重要性は小さい」と狭小

化して見せ、チュニジアで大量の捕虜が出たことには触れていなかった。英国のBBC放送はこのゲッベルスの発言をタイミングよく突いて、「二五万人を失っても重要性は小さいのか」と反撃した。

ゲッベルスがもっとも注意を払った英BBCドイツ向け放送のアナウンサーのフランク・フィリップ。

また、国防軍の特別発表を利用する逆宣伝も行なった。ドイツ放送の始まりに流れるファンファーレに続いて、パリ、ベオグラード、アテネ、キエフにおけるかつての輝かしい戦闘の勝利の様子が士気鼓舞を意図して放送された。これに対して英国のBBC放送は「ドイツでは一九四一年に六五回もの特別発表があったが、一九四二年には一九回に減り一九四三年はたった二回だけだった。これはなにを意味するのか。ドイツの人々は覚えておくべきである」とアナウンサーが語った。

このほかに、BBC放送は勝利の時期に行なわれたドイツの指導者たちの得意げな演説録音を再生して放送したが、その目的は過去と現在を比較して見せて、ドイツ国民を現実に目覚めさせるように考えられたものだった。

さらに一九四三年七月の英空軍の一〇〇〇機規模のハンブルグ大爆撃の際に、BBC放送はかつてゲッベルスが一九四〇年十月二十五日に「英国はすでに破れた」と主張した演説録音を再生して放送電波に乗せ、現況と比較させてドイツ国民の士気を挫く効果を挙げた。ＢＢＣ放送にはこのような放送を行なった幾人かのアナウンサーあるいはニュース・リーダーがいたが、もっとも知られるのはドイツ向けニュース・リーダーのフランク・フィリップという人物である。

一九四二年当時五七歳だったフィリップは、ウィーン大学で学びチェコスロバキアのプラハにあったドイツ関連大学の教授を一九三八年まで務めていたドイツ通の一人である。彼が担当した対独謀略放送は極めて効果的であり、ゲッベルスが相当に注意を払っていた一人だった。それが証拠に戦後になってから連合軍が入手した、ゲッベルスによる自筆の要注意人物リストに彼の名前が載っていたことが確認されている。

空軍を率いるヘルマン・ゲーリング元帥が一九四〇年に、「我が空軍は敵の爆弾を一発たりともルール地方に投下させない」と強弁した演説も、同じころにＢＢＣ放送で再生して放送された。だが、この放送の三日前にすでにルールの重工業都市エッセンは英空軍爆撃兵団の爆撃によって地上から消滅していた。

一九四一年にヒトラーは演説で「ソビエトは破壊されて二度と立ち上がることはない」と見得を切ったが、この演説もまたＢＢＣ放送で再生されたのちにアナウンサーがスターリングラードでのドイツ軍の損害の詳細な数字を並べた。加えて、現在、ヒトラーに何が起こっているかと聴取者に尋ね、続けて一九四〇年と一九四一年の演説愛好家が静かになってしまい、自分の演説ファンすら満足させていないではないかとゲッベルスを皮肉った。そして、その原因はヒトラーが何かを気恥ずかしく思っているからであり、ゲッベルスもまったく同じであろうと断じた。

これを聴いたゲッベルスは持ち前の偽善と横柄さをもって、「我々と反対側にある者たちのありふれた数字と変化しやすい宣伝に賛意は不要である。真の歴史的能力のある人物は世界の舞台で自らを照らす機会を失うことはない」と応えた。しかし、ＢＢＣ放送の真実に基づく問いかけを聴いた欧州大陸のドイツ占領地の人々にとっては、戦争の推移は明確になったのである。ドイツ本国では戦況が悪化してゆくにつれて、連合国側のラジオ放送聴取により影響を受ける恐れがあるために、その聴取は厳重に統制されて罰則が強化された。ゲッベルスの言葉を借りるならば「外国報道を聴く民間人は自傷をする軍人と同じ」であった。

1942年～43年の英国の街で見られた節約を呼びかける啓蒙宣伝ポスターでドイツのものと比較すると興味深い。

　ゲッベルスが普及させた国民ラジオはドイツ放送二局ほどを聴くことができるだけで短波放送は受信できなかったが、強力なＢＢＣ放送の中波は聴くことができた。戦争後半になるとドイツの占領国ではＢＢＣ放送を聴く人々が増加して危険なレベルに達しつつあり、その対策としてラジオを没収する案が検討されたものの結局、オランダを除いて断念された。なぜならば、ドイツと占領地でラジオを没収すれば同時に自分たちの宣伝手段を失うことになるからであった。

こうして、一九三〇年代にゲッベルスが近代的なラジオ電波を使って国家的な宣伝戦略を果たした手法は、一〇年後に強敵によって逆利用されてしまったが、それでもゲッベルスは休むことを知らずに宣伝活動を続行した。

一九四三年七月の東部戦線ではソビエト中央部のクルスク突出部を挟撃するドイツ軍のチタデル（城塞）作戦が失敗し、同じ月にイタリアのシシリー島へ英米軍が侵攻すると、九月にはイタリア本土へも上陸が行なわれてドイツ軍は抵抗戦を行ないつつ後退を重ねた。連合国空軍のドイツ本土爆撃は強化されて、昼夜の別なく一〇〇〇機規模の爆撃でドイツの諸都市が次々と灰燼に帰した。ドイツ国内の食料配給はさらに少なくなったが周囲はヒトラーに本当の状況を知らせず、ヒトラーは「国民が総統の指令に従わずに戦わないのならば滅びてしまえ」と語っていた。ゲッベルスにとって状況はあまりにも悪く、相変わらず英米向けに「ボルシェヴィズムの脅威」や「ボルシェヴィズムはドイツに限らず全ヨーロッパの危機だ」と主張し続けた。

一九四三年四月中旬、ゲッベルスにとって宣伝の主導権を握るための思わぬ事件が舞い込んだ。それはソビエトのスモレンスク近郊にあるグニェズドヴォ村の森（ドイツ側はカチンの森と称した）で二万名以上のポーランド将兵、警察官、官僚、聖職者らがソビエトの秘密警察NKVD（人民内務委員会）の手で虐殺された遺体が、住民のドイツ軍への通報によって発見されたことだった。この虐殺は一九四〇年夏から秋にかけて行なわれたが、ドイツ軍が知ったのは一九四一年七月であった。

早速、一九四三年四月十三日にドイツ放送は現地調査の結果をラジオでセンセーショナルに報じてゲッベルスが先手を取った。彼はすぐに専門家を派遣してドイツ同盟国の代表を組織して現地へ送り込むと外務省は公式調査書を刊行した。事実に照らしてもドイツの宣伝戦は確実に勝利できるはずだったが、そうはならなかった。ゲッベルスはそれまでの数年間にあまりにも多くの虚偽、虚報を造り、「嘘も反復すれば本物になる」というセオリーを追い過ぎて、国内ですらまた自作自演ではないかという雰囲気の中にいたからである。

1943年4月、ポーランドのカチンの森で赤軍によるポーランド人2万名の虐殺遺体が発見された。ゲッベルスはこれを反ソ宣伝に利用した。

一方、海外ではこの事件はソビエトによるものであるという事実は英米でも分かっていたが、強制収容所やユダヤ人の大量虐殺情報が漏れ出していて、名だたる反ユダヤ主義の巨頭ゲッベルスが声高に叫べば叫ぶほど「カチンの森の虐殺」は黙殺されてしまい、連合国間に亀裂が造れるというゲッベルスが信じた意図は失敗に終わってしまった。

『ナチ宣伝と第二次世界大戦』の著者であるアリストートル・カリスは後知恵であるがと前置きして、「ゲッベルスの一連の宣伝には脈絡がなく支離滅裂だと指摘される。だが、彼が宣伝の達人であったにしても、戦争を直接指揮して戦況を好転させることができるわけでもなく、実現しないヒトラーの公約の乱発と直感で決定する政策に従わねばならなかった。このために、ゲッベルスは常に場当たり的方策によって国民の扇動を図り、士気を鼓舞して戦う意欲を維持しなければならなかった」と述べている。

一九四三年半ばから一九四四年中のドイツは、日々強化される連合国空軍の爆撃で都市は次々と廃墟と化してゆき、生活基盤を奪われた国民の心は急速にヒトラーから離れた。どのような言葉も役には立たず、ゲッベルスにとってできることは「敵に対する憎しみ」と「敵の恐怖」を国民に植え付けることだけだった。一方、すでにゲッベルスは戦争の行く末を見通しており、戦争末期からは自分が後世の歴史に残る存在でなければならないと意識したプロパガンダを展開するようになった。

それはさておき、国民に対する総力戦キャンペーンと扇動は続いていた。ゲッベルスは一九四三年六月に「敵に対する決定的報復攻撃の準備は整った」と明確ではないが新兵器登場を示唆する演説を行ない、一部のドイツ国民の間にある種の期待をこめた噂が広まったが、多くの人々は信じなかった。他方、宣伝省内でゲッベルスはソビエトの宣伝映画「戦うレニングラード」に描かれた、極寒の中で塹壕を懸命に掘る人々に空襲がかけられてもスコップを離さない労働ぶりや、倒れる人をそのままにして黙々と働く人々、あるいは工場労働者が空襲があっても避難せずに働き続けるシーンに見られる者こそが、総力戦の姿であるとして鑑賞を勧めた。

イタリアの独裁者ムソリーニ救出作戦は成功して宣伝に活用された。黒服はムソリーニでその左は作戦指揮官のSS少佐スコルツェニーである。

一九四三年夏からドイツの同盟国だったイタリア本土は連合軍の上陸によって激戦地となっていた。イタリア政局は九月に独裁者ムソリーニが失脚して捕らえられ、バドリオ政権が誕生して十月に連合軍に降伏した。この状況に対して国民に何か安心感を与えなければならず、ゲッベルスは大衆にこう語りかけた、「連合軍のイタリアへの侵攻は二大連合国である英米にとって勝利といえるものではない」。つまり、「イタリアはドイツにとって主戦線ではない」という意味であった。

イタリアの降伏はドイツの政治的な失敗であったが、ゲッベルスの要請でヒトラーがイタリアの離反を国民に語りかけた。その数日後に親衛隊のスコルツェニーSS少佐と空挺部隊によって、アペニン山中に幽閉されていたムソリーニの救出作戦が実施されて成功するが、作戦の一部始終が映画的手法をもって報道された。

黄金ドイツ十字章を受けた元第一六九歩兵師団長だったクルト・デットマール中将は、一九四二年春から国防軍最高司令部で「軍事評論」という特殊な任務についていた。彼は柏葉作戦（ウンタネーメーヒェン・アイヒェ）によるムソリーニ救出作戦について、「救出作戦の成功はある戦区の勝利と同等である」と述べて、ゲッベルスの宣伝と並行して国民の士気高揚を図った。だが、ゲッベルスはフリッチェに「ムソリーニなどに関心はないが彼の死はドイツにとって困るのだ」と言ったが、宣伝誌「シグナル」の一九四三年十一月号でムソリーニ救出の特集を組んでいる。

ゲッベルスの片腕ハンス・フリッチェが難攻不落の欧州大陸には侵攻できないというイメージを意図した、「ヨーロッパ要塞（フェストゥング・オイローパ）」という言葉を編み出した。ゲッベルス自身は防御的な意味の「要塞」とはいずれ陥落するものであまり好まなかったが、新聞やラジオでは頻繁に使用された。するとベルリン市民はすぐに激しい連合国空軍の爆撃を皮肉って「ヨーロッパ要塞には屋根がない」と話し合った。しかしながら、ゲッベルスは海外に対して積極的にヨーロッパ要塞の宣伝を展開したのは、すでに英米軍がヨーロッパ侵攻を計画していることは明白な事実であり、その牽制宣伝が必要だったからである。

ゲッベルスの宣伝マシーンは極北のノルウェーからデンマーク、ドイツ、オランダ、ベルギー、フランスとスペインの国境まで、長大な海岸部に設けられた巨大な要塞砲台と防衛施

▷連合軍の上陸に備えたヨーロッパ要塞はハンス・フリッチェの考案だった。鉄壁の大西洋の壁1918～1943の標語とポスター。◁ゲッベルスはドイツ爆撃に対抗して「ベルリナー・イルストリーアテ・ツァイトング」誌の表紙に燃えるロンドンを掲載して対抗した。

設の様子を、写真とニュース映画、ラジオ、ポスターをもって大々的に宣伝した。加えて、同盟国の代表団や報道関係者を招いて北フランスの列車砲や見るからに難攻不落の要塞砲台の宣伝を強行した。

実際に一九四〇年以降にヒトラーの命令により長大な海岸線を防衛するために国家的建設を担うトート機関を動員して、膨大な量のコンクリートと鉄筋が投入されて砲台や陣地が設けられた。一九四四年までにこうした防衛拠点に戦闘員二八万名を含む四八万名が動員されていたが、上陸地と目される北フランスの海岸以外には宣伝されるような巨大要塞や大砲台は存在しなかった。

ゲッベルス自身はこのようなこけ

脅し的な宣伝に気のりがしなかったが、防御戦一方になったドイツ軍の戦況を反映して、同じく防御的宣伝にならざるを得なかった。それでも「ドイツは戦争に勝っており、獲得した勝利の結果を断固守るのみである」とか、「英国はドイツが一九四三年秋に降伏すると断じたが、まだ実現しないではないか」などと論じたものの、ゲッベルスの宣伝戦はもはや主導権を獲得できなかった。

一九四三年後半はまだベルリン爆撃は大規模ではなかったが、ケルン壊滅に続いてハンブルグが英軍のゴモラ作戦による大空襲を受けて五万人以上が死亡して一〇〇万人が住居を失った。これを見たゲッベルスはベルリンの婦女子の地方疎開を行なったが、直後の一九四三年八月二十四日にベルリン南部へ大規模爆撃があり、十一月二十二日にはベルリン西部と官庁街が爆撃された。

この時、演説中だったゲッベルスはベルリン大管区本部へ車で向かったが、市内の破壊的な状況を見て「爆撃が続けばベルリンは消滅する」と述べた。この空襲でベルリンの中心部ブランデンブルグ門に程近い私邸を失ったゲッベルス家はランケの別宅へ移った。

戦争の後半になるとゲッベルスは、学校で子供が父親の悪口を聴くようになるからという理由で家庭教師をつけて、長男のヘルムートはヒトラー・ユーゲントには入れなかった。また、面白いことにゲッベルスは子供たちに英語を習わせていて、ハイル・ヒトラー（ヒトラー万歳）というナチ式敬礼をさせなかった。

ドイツにとって暗い一九四四年四月にゲッベルスはヒトラーに数十ページにのぼる提案書

を提出した。これは、軍事的勝利の可能性が消えてしまったドイツは英米との交渉はできないが、反英米であるスターリンと妥協することでソビエト軍と合体して英米軍に対抗する。そして、その条件としてバルカン諸国やノルウェー北部を提供するのも良いであろうという案だった。あれほど国民にボルシェヴィズムの脅威と恐怖を煽りたてた張本人が、ころりと態度を変えた案だったが、結果的に総統官房長のボルマンがこのヒトラーへの提案書を「それほど戦況は悪化していない」という理由により押さえてしまった。

今やゲッベルスは軍需大臣アルベルト・シュペァに新兵器の実現を問い合わせて革新的なジェット戦闘機や無人飛行爆弾の出現に希望を託さざるを得なくなっていた。宣伝省の会議においてゲッベルスは「我が新兵器に対しては警戒も防御方法もない。英国人口の五分の一が住むロンドンは数日で壊滅する」と表現した。

第14章　最終ラウンドのゴング

一九四三年以降、連合国側は一年間もヨーロッパ侵攻を予告し続けてゲッベルスに重圧をかけていた。これに対してゲッベルスも英国へ向けて「諸君の訪問を待っている」「諸君が生涯忘れ得ぬ歓迎をする」などブラフ（脅し）で対抗して、欧州侵攻作戦に対しては一定の効果を挙げた。加えて、上陸連合軍の死傷者は四〇万人から五〇万人に達するであろうという例の「ひそひそ耳打ち作戦」をフランス、オランダなどの占領国で行なった。

これはドイツ国民よりも連合軍側に影響を与えるところなり、英米のジャーナリストたちによって予測される犠牲者の数値として一定の配慮が払われたが、実際のノルマンディ戦の連合軍の死傷者数は一三万人であった。一九四四年六月五日にヒトラーとゲッベルスはオーベルザルツブルグのヒトラーの山荘で会談をした翌日の早朝に、連合軍のノルマンディ上陸のニュースが飛び込んできて、ゲッベルスは「いよいよ最終ラウンドのゴングが鳴った！」と叫んだ。

国防軍もヒトラーもノルマンディは牽制攻撃であり海峡幅の狭いカレーこそが本攻撃だと信じていたが、ノルマンディこそが本物であった。ゲッベルスは「敵の初期侵入の事実はたいしたことではない。いまはできないが、敵上陸軍をヨーロッパ大陸の奥深く引き入れることは決定的打撃を加えるための我らの戦略の一部かもしれない」と強弁した。

1944年夏の「シグナル」誌特別号の表紙に登場した報復兵器Ｖ１飛行爆弾。

そして、「連合軍はヨーロッパの解放だというが、それは何からの解放なのか」「我々のヨーロッパの新秩序による統一からの解放か」と問いかけて、「もっとも重要なことはまだ我我はドイツ本土で戦っていないという事実だ」とアッピールした。

一九四四年六月十五日にヒトラーと国防軍最高司令部は事前の心理戦も行なわずに突然に、新無人飛行爆弾Ｖ１を発射してゲッベルスを怒らせた。彼が慎重に時間をかけて新兵器について国民にそれとなく知らせてきたのは、出現したときの国民の喝采と士気高揚を計算していたからである。それなのに突然の発射によって、予定された宣伝効果は挙げられなかった。

この時、宣伝省のシュバルツ・ヴァン・ベルグという人物が報復兵器（フェァゲルテンヴァッフェ）の頭文字をとってＶ１と命名し、少し遅れて九月に登場した革新的ロケット弾道弾はＶ２である。ゲッベルスはＶの文字は英国への勝利を示す英語のヴィクトリーの頭文字でもあるとして、ヒトラーに承認されて、以降報復兵器Ｖ１、Ｖ２、Ｖ３として用いた。

空軍の報復兵器Ｖ１無人飛行爆弾は連合軍の欧州上陸作戦の一週間後から用いられて、一九四五年三月までに二万発が発射された。ロンドンへは八五〇〇発中の二三〇〇発が着弾し、二万四〇〇〇人あまりの死傷者が出てロンドン市民に多大な恐怖を与えたが、ゲッベルスが宣伝したようにロンドンを破壊することはできなかった。

また、もう一つのロケット兵器Ｖ２は一トン爆弾を搭載して

△ゲッベルスの大西洋防壁宣伝を吹き飛ばして1944年6月6日に連合軍のノルマンディ上陸が行なわれた。▽「最終ラウンドのゴングが鳴った！」とゲッベルスは叫んだ。オーベルザルツブルグのヒトラーとゲッベルス（右）。

成層圏から落下してくる防ぎようのないまさに革新的兵器だったが、最初の発射は連合軍のノルマンディ上陸戦後の九月であった。しかし、その後はＶ１もＶ２も優勢な連合国空軍機によるロケット発射基地のしらみ潰し航空攻撃によって徹底的に叩かれてしまい、脅威は与えたもののヒトラーとゲッベルスが叫ぶ報復とは程遠い結果となった。

そして一九四五年に入ってから世界最初のメッサーシュミットＭｅ262ジェット戦闘機も活動を始めたが、ドイツ敗北目前であり、新兵器投入はあまりにも遅すぎた。

ノルマンディ戦が続く一九四四年七月二十日に東プロイセン（現ポーランド）のラシュテンブルグの総統本営「狼の巣」でヒトラー爆殺未遂事件が発生した。七月二十日事件である。これは、定例戦況会議場に書類カバンに忍ばせて時限爆弾を持ち込んだクラウス・フォン・シュタウフェンベルグ大佐によるヒトラー謀殺計画ヴァルキューレ作戦の一環だった。会議が暑さゆえに予定された地下壕から地上の木造棟に変更されたために、爆風が窓から外に逸れて威力が減殺されてヒトラーは爆殺をまぬかれた。

一方、ラシュテンブルグの総統本営で爆弾を仕掛けたシュタウフェンベルグ大佐は、そっと抜け出して午後三時三十分にベルリンへ戻ると、総統護衛大隊のオットー・レーマー少佐など数名の将校を支配下においていた。一方、ヴァルキューレ作戦による暗殺成功に呼応してあらかじめ計画された本国軍（予備軍）が反乱行動を起こしたが、準備不足のために混乱を呈していた。

総統護衛大隊のレーマー少佐の部下でかつて宣伝省にいたことのあるナチ党政治将校のハ

ンス・ハーゲン中尉という将校がいた。折からハーゲン中尉はゲッベルスの指令によりヒトラーの官房長であるマルチン・ボルマンの著作刊行に関する仕事についていたが、ロシア戦線で戦死した作家の記念講演をするためにベルリンへ戻っていたときに政治将校特有の勘から、レーマー少佐の出動命令や国防軍の将官たちのどこか慌ただしい動きに疑惑を感じ取っていた。そこで部隊のオートバイを駆って宣伝省のゲッベルスのもとに駆けつけて窓の外を見るように勧めた。ゲッベルスはこの態度が尊大な男をあまり好まなかったが、窓外で何が起こっているかを見て内乱を知ったのである。

1944年７月20日にラシュテンブルグの総統本営でヒトラー爆殺未遂事件が起こった。爆発現場を見るヒトラー（右）とムソリーニ。

そのような不穏な動きの中でゲッベルスは、ラシュテンブルグのヒトラー本人から爆殺未遂事件の発生と無事である旨の連絡を受けていた。だが、ゲーリング元帥、ヒムラー親衛隊長官、リッベントロップ外務大臣はラシュテンブルグの総統本営にいたために、ベルリンで行動できる政権幹部はゲッベルスだけであった。

このときベルリン市防衛司令官だったパウル・フォン・ハーゼ中将の命令により、宣伝大臣ゲッベルスの逮捕が命じられて、レーマー少佐が二〇名の兵士を連れて宣伝省に現われると、ゲッベルスは大声で「総統は安泰である。お前たちは何をしているか！」と叫んで得意の弁舌を振るってレーマー少佐を取り込んだ。だが、レーマー少佐は総統生存の証拠を求めた。そこでゲッベルスは受話器を素早く取ると奇跡的に無事だったヒトラーを呼び出して、レーマー少佐と電話で話しをさせた。

電話口に出たヒトラーはレーマー少佐に「私の声が誰か分かるか？」と尋ねると、少佐が「総統であります」と答えた。レーマーは騎士十字章と柏葉騎士十字章を授与された歩兵部隊のヒーローの一人で受勲の際に面会したことがあり、電話口のヒトラーの声をすぐに確認した。そこでヒトラーはレーマー少佐に「すぐに反乱部隊の鎮圧にあたれ」と命令したので、これまでの指令は陰謀者たちからの偽命令だったことを悟り、反乱鎮圧と陰謀者たちの逮捕に転じたのである。この功によりこの夜、レーマー少佐は二階級特進して大佐となった。

その瞬間からレーマー少佐の部隊はゲッベルスに掌握されるところとなり、もっとも重要な放送局の警備命令が出されて政権の核心は護られた。かくて、ゲッベルスの冷静な機転と行動力がベルリンにおける反乱軍を抑えることとなったのである。

ヒトラー暗殺に呼応するベルリンの本国軍決起の陰謀が不成功に終わる鍵を握ることになったレーマー大佐とはどのような人物だったのか。レーマーは一九一二年にノイブランデンブルグに生まれ、一九三二年に二〇歳のときに陸軍士官学校を卒業して陸軍将校となった。一九三九年九月のポーランド戦で中尉として機械化歩兵中隊を指揮して以降、バルカン作戦、ソビエト侵攻戦に参加して一九四二年春まで大隊長を務めた歴戦の軍人だった。その後、一九四三年に精鋭部隊であるグロスドイッチュラント（大ドイツ）装甲擲弾兵師団で幾つかの大隊長を務めたが、一九四四年三月に負傷療養のために前線から本国へ戻ってベルリンで総統護衛大隊を指揮していた。このとき、七月二十日事件、すなわちヒトラー暗殺未遂が発生したのである。

　七月二十日事件以降、レーマー大佐は大ドイツ装甲擲弾兵師団から基幹要員を移された総統護衛旅団の指揮官となり、一九四四年十二月にアントワープをめざしたヒトラーの最後の作戦「ラインの守り」に加わるが、部隊は大損害を被った。その後、レーマー大佐は一九四五年に三二歳で最年少の少将となり師団格となった総統護衛旅団を指揮して最後の戦闘となるシレジア戦を戦ったが、指揮官としては評判が悪く、のちに米軍の捕虜となった。なお、このレーマーの宣伝省における重要な一日を描いたエピソードは後年、ヨアヒム・フェスト監督の七月二十日事件のドラマとして製作、放送された。

ヒトラー暗殺事件と連動するベルリン反乱時にゲッベルス側についたレーマー少佐（のち大佐）。

　さて、ゲッベルスにまんまと掌握されたレーマー少佐と総統護衛大隊に宣伝省はしっかりと護られていた。これ以降、ラシュテンブルグからもどったヒムラー親衛隊長官と親衛隊中央保安本部（ＲＳＨＡ）を握るカルテンブルンナーＳＳ大将は、少しでも容疑がある者は容赦なく逮捕して処刑し、数千人が強制収容所へ送られた。

ゲッベルスはこうした反ヒトラー運動の広がりを見て事件の隠蔽を行なうことはできないとして、「国民へ事実を知らせよ」と指示を出して、反ヒトラー運動家たちに圧力を加えた。一方、ヒトラーもラジオ放送を行なったが、それはゲッベルスがこれまでに聴いたことがないほど拙劣かつ情緒不安定で、まるで国民に請願するかのように語った演説だった。

このときゲッベルスが別の衝撃を受けたのは、宣伝によって国民的英雄になったエルヴィン・ロンメル元帥の事件への関与容疑であった。ロンメルは名誉ある国葬か家族をも巻き込む裁判とするかの選択を強要されて服毒自殺をした。これによりゲッベルスは、「ロンメルはドイツ軍人の特徴である勇気、知恵、正義、節目といった徳目を備えた軍人であったが英雄的な死を遂げた」と署名のないある論説で、唯一人信頼した軍人の死を悼んだ。だが、公式日記の中では警戒して「ロンメルも陰謀者の一人であったのは不幸なことであり、もし彼が生きていれば反逆者である事実を国民に知らせなければならなかった」とも書いている。

ヒトラーの命令で悪名高いフライスラー裁判長の下で暗黒国民裁判が開かれると、哀れで無力な被告を侮辱する様子が仔細に映画やカメラに収められ、そのフィルムをヒトラーは深夜に飽くことなく見続けた。そして、ゲッベルスに映画フィルムを送り、国民へ公開してはどうかと尋ねたが、ゲッベルスはうまくさぼって回避してしまった。

すでに、ゲッベルスにとってヒトラーは神の化身のような正しい常勝人ではなく、尊崇の念はもはや消え失せてしまい、自分の方が優位にあるとしてヒトラーを管理する逆転的な立場になっていた。このように七月二十日事件の影響はゲッベルスの「信じなくてはならないヒトラー像」を完全に破壊してしまう一大契機となった。それでも、ゲッベルスは爆殺事件を逃れたヒトラーの奇跡的エピソードについて「神意が働いた結果である」ということを、国民に納得させるための証拠として利用した。そして、「ヒトラー・イスト・デァ・ジーク（ヒトラーは勝利である）」というスローガンを再び造り出した。

一九四四年七月二十一日に総統本営「狼の巣」へ飛んだゲッベルスに対して、まだ爆殺事件の興奮冷めやらぬヒトラーは総力戦に関するすべての権限を与えた。ゲッベルスはベルリンへの帰りの列車の中で部下に、「あれほど、私が強く提案していた時にそうしていれば、戦争はとっくに終わっていたよ」と述べたという。

Adolf Hitler ist der Sieg!

ヒトラーの権威は落ちていたがゲッベルスは「ヒトラーは勝利である！」というスローガンを打ち出した。

七月二十五日にゲッベルスは総力戦総指導者となり、宣伝省に「総力戦部」が設けられて精力的に活動し、毎朝八時の会議を通じて政策実行を行なった。工場労働者を削減して前線に送ることと、国民のすべてを軍需産業へ駆り出したので熟練労働者不足を来たしたが、その穴埋めに親衛隊は強制収容所から収容者を労働力として投入した。

それからは禁止令ばかりである。「週六〇時間労働」「一日一回の郵便配達」「五〇歳までの女子は労働に従事すべし」「祝賀会の禁止」「移動や旅行は緊急の場合のみ」「使用人の削減」「新聞の統合」「雑誌の廃刊」「劇場の閉鎖」「傷病兵の工場への投入」「労働のない女性の生活保護費の中止」――そして、映画界に対する報復的意図から若い俳優や映画人が徴用されて兵器産業へ送られるなど際限がなかった。なかでも防空要員の不足を補うために一四歳以上の男子学生を動員して六万人以上の空軍対空砲隊員を確保した。

一方でゲッベルスは、「B部門」という部署を設けて国民の反応を調査した。だが、実態は演説者と無頼漢数名によるチームが全国を回ってあちこちで総力戦を扇動するもので、もし、反対すれば無頼漢どもが暴力で人々を黙らせた。ゲッベルスは総力戦は金持ちも貧乏も等しい社会革命であるとして、廃墟と硝煙のかなたにおぼろげながら新世界が見えてきたと唱えたが、驚くことにこの混乱の中で国民を引っ張るゲッベルスのパワーがまだ衰えることはなかったのである。

ここでゲッベルスは本土防衛を総力戦で乗り切ろうとして、国民突撃隊（ドイッチャーヴォルクスシュトゥルム）の編成を発表して自らが指導者になった。一六歳から六〇歳までの男子を新法令で引っ張りだしてナチ党が訓練を行なったが、結果的に時代遅れの銃か使い捨ての対戦車ロケット砲パンツァーファウスト（戦車鉄拳）と国民突撃隊の腕章を配給されただけだった。

ドイツ中に国民突撃隊徴募所が設けられて、傷者、子供、老齢者、病人も対象になり、数十万名が登録されて親衛隊が管理したが、市民にとっては一部のナチ主義者以外に熱狂は消え失せてしまい敗北観が支配していた。ゲッベルスがドイツの英雄フレデリック大王やビスマルク、あるいはヒトラーの名を出してももはや効果はなかった。

そして、こうなってくると国民も裏で抵抗を始めて風刺話が流行った。そのような一つに「連合軍の勝利のパレードがベルリンで行なわれ、ルーズベルト、チャーチル、スターリンが並んで雛壇に立っていると、付近のマンホールの蓋がぽんと開いて突然、ゲッベルスが身を乗り出して『我々は勝利している！』と叫んだ」というのがあった。また、ベルリンの総統官邸の窓からヒトラー、ゲーリング、ゲッベルスがパレードする連合軍部隊を眺めていると、「ゲッベルスが『いよいよ報復（V兵器を皮肉って）が始まるぞ』と言った」とか、「廃墟になった市街に佇むゲッベルスが

1944年7月21日、ゲッベルスは総力戦指揮官となり国民突撃隊を編成した。壇上で手を挙げるのはゲッベルス。

ゲッベルス指導の大戦末期の「生か死か―国民突撃隊」の宣伝ポスター。

『やつらはこのベルリンのどこへ住むつもりだろうか』と言った」という類だった。

　宣伝省には非難投書が多く寄せられて、ゲッベルスは表向きは冷静に読んでいたが、それらは激烈な内容になっていた。「連合軍のフランス上陸成功は誰の責任か」「難攻不落の大西洋防壁は一体どこへ消えたのか」「大臣が我々に示した巨艦、新型機、そして報復兵器はどこへいったのか」「せめて大臣の嘘の半分もあれば連合軍の上陸成功はなかったろう」――また、ある国民突撃隊員からは「お前たちは前線へ行け。ゲッベルスお前こそ一人で前線へ行け、殺人者ども！」というのもあった。

　一九四四年十月二十日にドイツの第一帝国（神聖ローマ帝国）発祥地のアーヘンで激戦が行なわれて陥落したが、防衛司令官のゲァハルト・フォン・シュヴェーリン大将は人口一六万人の人々に疎開を勧めたので、市街戦時には住民は二万人のみであった。このアーヘンの防衛戦はゲッベルスによって焦土作戦として利用された。

　ゲッベルスは「敵に渡さなければならなくなった時は、価値ある物もない物もすべて破壊せよ」と命令したが産業界の指導者は従わず、労働者も工場爆破や鉱山の水浸しには反対した。そこでゲッベルスは特技である説得手段に出るべく、自分の専用列車を使って前線へ出かけ、司令官、兵士、そして労働者と話し合ったが、やはり焦土作戦指令は守られなかった。

一九四四年十月二十九日はゲッベルス四七歳の誕生日であり、ヒトラーからゲッベルスに電話で誕生祝いが述べられたあとで妻のマクダとも話した。その時、ヒトラーは近く西方戦線で戦況が決定的に変わるであろうと示唆したが、これはゲッベルスが二ヵ月後に行なわれるラインの守り作戦（連合軍はバルジの戦い）を知った最初だった。

1944年12月～45年１月のヒトラーの西方攻勢「ラインの守り」作戦も失敗に終わり、ゲッベルスは落胆した。米軍の反撃で燃える５号Ｇ型パンター戦車。

このヒトラー最後の賭けと言われたラインの守り作戦は、およそ五〇万のドイツ軍が、ベルギー南東部のアルデンヌの森から出撃して、連合軍の重要な補給港であるベルギーのアントワープまで進撃するもので、一九四四年十二月十六日に悪天候を利して開始されたが三日後には作戦失敗が明確になった。ゲッベルスは年内にパリへの進撃が可能ではないかと期待を抱いていたが、それもがらがらと崩れ落ちてしまった。一九四五年の新年にゲッベルスは憂鬱な思いで総統を称える論説を出したが、心の中は正反対になっていた。

西方からベルリンへ向けて勝利の進撃を続ける英米間の意見の相違はよく知られているが、英軍のモントゴメリー元帥が「アルデンヌでは米軍は壊滅寸前だったが英軍の介入で勝利を得た」というインタビュー記事が流れた。機を見るに敏なゲッベルスはこの記事を読むと、すぐに幾つか挑発的な言葉にすり替えて英BBC放送の波長に乗せて放送すると、米軍はカンカンになって怒った。ラインの守り作戦は失敗に終わったが、ゲッベルスの宣伝戦はいまだ機能していたのである。だからといって戦争の潮流は何も変わることはなかった。

一九四四年末に戦争の行方が見えてきた時でも、ゲッベルスは最後の国民の士気高揚を図る映画を製作した。これは、ナポレン戦争の際にプロイセンの都市コルベルグが攻撃されたときに軍により奇跡的に救われるという脚本であり、その目的も明白であったが軍事的にも奇跡的にもヒトラー・ドイツを救うことはできなかった。

すでにソビエト軍は戦場の主導権を奪い取り、一六〇〇キロにわたる前線で激しく攻撃を行ない、ドイツ軍は全戦線で撤退しつつあった。だが、ゲッベルスは異常な活力をもって新しい宣伝戦を戦っていた。彼は一九三三年以前のヨーロッパは疲れ果てた何ものでもないと常に公言してやまず、若いナチ主義ドイツがヨーロッパの「新規律」であり、反動的で古く衰えたシステムに取って代わるものだと表現した。ドイツ存亡の危機を迎えた今、ゲッベルスは「ドイツは東方から進んでくるスラブの野蛮人の大群からヨーロッパの西洋文明を護る唯一の要塞である」と訴えていた。

ゲッベルスはロシア人はゴチック建築の大聖堂を馬小屋にする非文明的民族と描写して、それを実証するような本まで出版した。加えて、共産主義の脅威を煽るためにドイツの占領地において「反ヨーロッパ的なボルシェヴィズム（過激主義）」という題材の移動展示会を行なった。また、「赤い嵐の中の村」というソビエトによる残虐行為を描いた反ボルシェヴィキ映画も製作された。これら一連のキャンペーンでは一般的にドイツ人がロシア人に抱く優越性と恐れといった混合感情を利用した。

ソビエト軍がドイツに侵入すれば若いドイツ人男性はシベリアへ送られる、そして女性は大草原からくる野蛮人のなすがままになると恐怖を警告した。すべてのドイツ人男子成人は不妊手術を施され、子供たちは母親から奪われて追放されるというもので、この恐怖宣伝は連合国の突きつける無条件降伏と相俟って効果的だった。また、ゲッベルスは外国の新聞が伝えるソビエト再建のために一〇〇〇万人のドイツ人男性を

ゲッベルスの宣伝スローガンはこのポスターのような「勝利かボルシェヴィズムか」の一辺倒になった。

必要とするであろうという記事を引用して宣伝した。

すべてのドイツ人は幾世紀にもわたるドイツ人とスラブ人の間にある対立が宣伝者によって好都合に利用されていることに気づいていたが、ゲッベルスの語る「ヨーロッパはロシアの奴隷収容所となる」というくだりがドイツ人を戦争へ駆りたてておくことに効果があり、ゲッベルスはそれを「恐怖を通しての力」と呼んだ。しかし、英国とフランスでは同様な懸念は共有されず、ドイツ国内と同じ影響や刺激を受けることはなかった。

ドイツの敗北は決定的で時間の問題となった一九四四年十一月に、宣伝省は破棄する書類のリストを作成して、翌一九四五年一月からシュレッダーで断裁されて、紙屑は連日、焼却炉で燃やされた。このころのゲッベルスの言動は、ある時は絶望の淵に沈み、ある時は将来に希望を求める楽観的な思索の中を行ったり来たりしていた。ゲッベルスは国防軍最高司令部から来る連絡将校の報告を聴きながら、「私は家族に毒薬を与える時期を考えているのに長々とした無駄話は御免だ」と言ったり、「戦争が終わったら私は米国へ行くが天才にふさわしい待遇を与えてくれるだろう」と語ったりした。

それから数日して、総統官邸官房から数分の場所にある修理されたゲッベルス邸へ珍しくヒトラーがやってきた。だが、その姿は片足をひきずりながら全身が震えるしわがれた廃人のようであったとゲッベルス家の雇員がのちに述べている。

第15章　最後の五ヵ月

ヴィルヘルム通りの官庁街の中で、珍しく爆撃の被害が少ない宣伝省の地下に大臣専用の防空壕区画があったが、ゲッベルスは空襲警報が発令されると、私邸の地下二〇メートルに設けられた防空壕へ入るのを常としていた。ドイツ敗戦二ヵ月前の一九四五年二月になるとマクダはヒトラーの主治医であるテオドール・モレル医師から毒薬を入手して、いざという場合の覚悟ができていたようである。そのような状況下にあってゲッベルスは市民に衣類や食料を配り負傷者を病院で見舞いながら、看護婦たちを使って例のひそひそ話を囁く戦術を続けていた。

曰く「ごく近いうちにV3という秘密兵器が英国へ向かって発射されるそうです」「最新鋭のジェット戦闘機隊が連合軍爆撃機を撃墜し始めた」といった類の話だったが、もはや誰も信じなかった。東方から怒濤のように進撃してくるソビエト軍、西方からは英米軍が迫って万力のように締め付けており、今やドイツは絶体絶命の状態になっていた。

このような状況の中で、ゲッベルスは過去のヒトラー信仰にすがるような宣伝を繰り返していたが、それは絶望からの逃げ口であった。軍隊は降伏すればすべてが終了する。だが、宣伝は精神的行動と説得力というパワーによるものであり、宣伝大臣という一個人の肉体が滅びたとしても残された思想は生き続ける——これが、この段階のゲッベルスの支えであった。

そして、残りの数ヵ月間、ゲッベルスは二つの宣伝戦を実行した。一つは国民の士気の維持を意図した「必勝」を唱える短期宣伝である。もう一つはゲッベルス自身を歴史上に残すための時限信管がついた長期宣伝、つまり、後で爆発するプロパガンダ爆弾という予言的な宣伝戦の展開であった。

具体的に述べれば、前者の短期宣伝は（ドイツ軍もソビエトで同じことをしたのだが）、ソビエト軍に占領されれば、ドイツ人は老若男女を問わずに暴虐非道な目に遭うという恐怖を煽り立てて、「戦闘で死ぬ方がまだましだ」という考えになるまで続行する。また、後者の長期宣伝ではゲッベルス独特の難解で冷笑的(シニカル)な物言いの中で、「ドイツの敗北とともに第三次世界大戦が開始され、ソビエトは英国を破壊して彼の国民は共産主義になる」、それから「米国に対する攻撃が始まる」といったものだった。要するに「これから起こること」を予言した人物として、歴史上に記録されることこそが終局の目的であった。

このようなゲッベルスの残した宣伝爆弾の一つに、戦後米ソ冷戦時代に世界で長らく使われて有名になった「鉄のカーテン」は彼の造語であるとヨゼフ・ゲッベルスの伝記を書いたクルト・リースが述べている。その後、ソビエト共産党が使った「我が味方でなければ敵だ」という言葉もゲッベルスが残したものが生き続けたのである。また、「連合国間はいがみ合うこと必至であり、それは我が勝利である」などもあり、これらは後年になって「それはゲッベルスが言ったことである」ということを意図したことだった。

ゲッベルスの創刊したデァ・アングリフ（攻撃）紙は党の理論家で労働戦線を率いるロベルト・ライの新聞となっていたが、用紙不足のためについに停止された。次いで、ドイツの崩壊が目前となった一九四五年三月にシュレージェンのエールの町で、青年男子がシベリア

ゲッベルスのソビエト軍の残虐性宣伝は東方から避難する多数のドイツ人難民を生んだ。

の強制収容所へ送られたというでっち上げの事件をもとにして、捏造された人々の死骸の山、残酷に殺害された婦女子の写真がこれでもかと掲載される宣伝キャンペーンが展開された。

しかし、この一連の恐怖キャンペーンはソビエト軍の進撃針路上にある地域のドイツ住民の恐怖を予想以上に煽りたてる結果となり、数百万人のドイツ人住民が家財を乗せた手押し車とともに路上に溢れ出してベルリンへも流入した。すると、ゲッベルスは慌てて、こんどは英米連合軍の暴虐キャンペーンを始めて国民の目を逸らそうと試みた。だが、かく

も嘘が続くと国民は本物の暴行話でさえ、またゲッベルスの流言かと疑った。こうして、これまでゲッベルスが宣伝戦で長らく部下を強く戒めてきた「ありもしない低俗なキャンペーン」という罠に自ら落ちてしまうことになり、大衆は一層背を向けたのだった。

東部戦線のソビエト軍は東の自然の障壁であるオーデル川へと迫り、かつてのドイツ軍装甲部隊のお株を奪ったかのようにベルリンめざして戦車と機械化部隊が殺到しつつあり、防衛線では寄せ集めの敗残部隊が投入されたが次々と撃破された。一方、西方の英米軍も一九四五年一月から西の障壁であるライン川の渡河戦を目前にした状況にあり、ドイツはまさに圧壊寸前であった。

ドイツが戦場となったのは一〇〇年振りであり、ベルリン防衛戦もまた初めてであった。前年の七月二十日の暗殺事件以降は国防軍をまったく信頼しなくなったヒトラーは、混乱の中であってもゲッベルスならば絶対に裏切らないであろうとして、一九四五年一月三十日にベルリンの防衛総司令官に任命した。

すでにベルリンから車で二〜三時間の場所までソビエト軍の前線は迫っていたが、ゲッベルスは戦線を視察した。こうした行為は軍人ではない小さな男が国防軍の将軍たちよりも勇気があるということを見せたかったからである。

ここで、ゲッベルスは二つの案を提案した。一つはオーデル川防衛のために戦力のすべてを投入する案と、もう一つはベルリンの周囲に防衛線を構築することであるが、ヒトラーは最初の案に賛成した。親衛隊長官ヒムラーと国防軍最高司令部はドイツ＝オーストリア地帯で比較的安全な山地ベルヒテスガルテン方面へ移転する案を出していた。

だが、ベルリン防衛総司令官ゲッベルスはろくに武器を持たないあの国民突撃隊をもってベルリン防衛戦を戦うべく、外国人労働者を動員して壕や地雷を敷設した。今となっては効果的な案がないことをゲッベルスも国防軍戦争指導部も知っていたが、ゲッベルスだけは本気でベルリン防衛を考えて行動していた。

地図を前にしたベルリン防衛総司令官のゲッベルスだが急ごしらえの国民突撃隊は戦力にならなかった。

もはや、ドイツに無傷で残る都市は少なくなり、一九四五年二月中旬からの四回の大爆撃によりドレスデンは壊滅して一五万人が犠牲になった。ゲッベルスは「大多数が婦女子でありこのような人道に背く殺戮が行なわれるならばジュネーブ協定を破棄すべし」とヒトラーに提案したが、これは報復として捕虜を殺害することが目的だったとされている。しかし、国防軍最高司令部や外務大臣リッベントロップらはこぞって反対した。挙句に宣伝省でゲッベルスの新聞担当秘書をしていたルドルフ・ゼムラーが、スウェーデンの記者にこの話をそれとなく臭わせた結果、ロンドンの新聞はドイツがジュネーブ協定を破棄するならばその悪影響は計り知れないと厳しく警告してきた。結局、ヒトラーはゲッベルス以外のすべてから反対に遭ったために賛同することはできなかった。

宣伝省（現在は連邦労働社会省となっている）も幾度か爆撃を受けた。一九四五年一月の第一週の爆撃はそれほどの損害を被らなかったが、二月四日の爆撃では空中爆雷の爆発により窓ガラスがすべて吹き飛んでしまいゲッベルスの執務室も被害を受けた。そこで外国人労働者をもって昼夜兼行で修復が進められてなんと二週間でほぼ元に戻した。ところが、再び二月二十三日の爆撃で大臣室を含めて建物が酷く破壊されたので、局長たちは地下室で執務し、ゲッベルスと一九四四年から第二次官を務めていたヴェルナー・ナウマンやドイツ通信社（ＤＮＢ）からの出向者だったインゲ・ハバーツェテル、ゲッベルスの速記者のオットー・ヤコブ、秘書のインゲ・ヒルデブラントらはゲッベルス邸へ移った。

ベルリンでは「宣伝省が爆撃で破壊された」という噂が流れたが、「ソビエト軍ベルリンへ五〇キロに迫る」はもっと大事なことであり、ゲッベルスの放送局は大音声で、「ベルリン死守」と「ベルリンは降伏しない」という決まり文句を繰り返して叫んでいた。

宣伝省から私邸へ移ったゲッベルスは昼間爆撃より夜間に跳梁する英空軍のモスキート戦闘爆撃機にいらついていた。ゲッベルス邸では写真技師がゲッベルス日記をマイクロフィルムに撮影していたが収容人員過多になっていた。それでもゲッベルスの執務振りは相変わらず多忙であり、朝五時から始まって翌朝二時まで続くこともあった。そのような激務の中で一人の作家として著作の出版を企図したのは政治家とプロパガンディストの前に自分は作家であることを証明しようとしたのかも知れないと、歴史家ヴィリー・ベールケは著書『ゲッベルス博士・ナチ・プロパガンダ戦・一九三九年―四五年』において述べている。

かつてロシア戦線でドイツ軍は武装パルチザンに補給線を攻撃されて苦汁を飲み、草の根抵抗運動によって軍の情報を取られた経験があった。ベルリン戦が近づくにつれて占領された後のドイツ国内において同様な抵抗運動に従事するドイツの若者を組織する、いわゆるゲリラ作戦である「人狼作戦（ヴェアヴォルフ）」を考えたのは総統官房長のマルチン・ボルマンとゲッベルスだった。

連続する連合国空軍の激しい爆撃により廃墟となったベルリンのゲッベルス邸。

この計画の元となったのは東プロイセンの大管区長だった親衛隊のエーリッヒ・コッホSS中将が、一九四四年に編成した民族突撃隊という組織であった。そして、この人狼部隊はレジスタンス部隊としてベルリンの親衛隊本部でハインリッヒ・ヒムラー長官、国家中央保安本部長エルンスト・カルテンブルンナーSS大将、武装親衛隊で特殊部隊を指揮するオットー・スコルツェニーSS大佐、ヒトラー・ユーゲントの指導者アルツール・アクスマンらによって推進されたが、直接の指揮者はハンス・プルッツマンSS大将だった。

ヒトラーは早速、この提案に飛び付いたがゲッベルス自身は効果は低いと考えたものの、すぐにヒトラーの意を汲んで人狼部隊の活動推進キャンペーンを展開した。曰く「米軍車両の燃料タンクに砂糖を投入した人狼部隊」とか「通信線を切断した少年」といった虚偽のニュースを造っては流した。

これについて、ドイツ通信社から派遣されていたインゲ・ハバーツェテルとゲッベルスとの間に交わされたこんな会話が残っている。ハバーツェテルが「大臣の人狼キャンペーン・ニュースはすべて嘘だと思う」と問うと、ゲッベルスは「現実にあるべき姿であり、そうあるべきニュースである」とうそぶいた。これはゲッベルスの宣伝に対する考え方と手法を端的に表わしていて、この場合、「人狼は事実であり人狼を具現化して描く」という騙しのテクニックを駆使したのである。

たしかに五〇〇〇名以上の人狼組織員がいたが、一九四五年三月二十四日にウェンツルSS中尉の指揮する人狼グループが、占領米軍に協力するアーヘン市長のフランツ・オッペンホッフを殺害する事件が起こったものの、連合軍側が展開したレジスタンス運動とは比較にならなかった。しかしながら一九四五年五月八日に戦争が終わった段階でさえ、ゲッベルスがあらかじめ録音によって残した人狼指令がヴィルヘルムスハーフェンのラジオ放送局から流れた。これは稀代の宣伝家が仕掛けた時限信管付きの宣伝地雷の一つだったといえる。

ベルリン市民はドイツの首都が陥落するならソビエト軍ではなく、せめて英米軍に入城して欲しいと願っていたがソビエト軍の攻撃テンポは速かった。一九四五年四月十日になると、人々はベルリンから逃げ出して列車や駅は避難する人々で溢れ返っていた。

宣伝省はヴィルヘルムプラッツ（広場）大隊という国民突撃隊を編成して、宣伝省のナウマン第二次官が指揮官となった。ゲッベルスは彼らを相手に「ベルリンの二〇〇万の市民が立ち上がって戦う」「我が指揮の下、東方の遊牧民はベルリンで死に至る」「ベルリンを死守するのは精鋭ＳＳ部隊だ」「市民一人が敵一人を殺せば侵略軍は壊滅する」と激しい言葉で扇動したが拍手も熱狂もなかった。

1945年３月に低シレジア（ポーランド）でヒトラー・ユーゲント隊員のヴィリー・ヒューブナー（16歳）を激励するベルリン防衛総司令官ゲッベルス。

無理もない、ナチ幹部の特権と豪華な暮らしぶり、自分たちだけの素晴らしい防空壕、その上、ベルリン爆撃が激しくなると彼らは荷物をまとめてトラックを連ねてオーストリアの山中に逃避するのを人々は見ていたからである。かつて一九四一年三月三十日にゲッベルスは英首相チャーチルを「勝利の見込みがないのに国民を絞り上げる冷酷無情な男は戦争を続行するためならなんでもする」と評したが、今、ドイツ国民のゲッベルスに対する感情は、そっくりそのまま彼にあてはまったのである、

ベルリン最後の段階になり、組織的なものではなかったが各省庁の疎開が開始された。最初は外務省であったが車を連ねてボーデン湖畔へ移り、国防軍

最高司令部はヴォルフガング湖やオーストリアのガシュタインへ向かい、もはや戦争指導の役割が終わっていた陸軍参謀本部もあちこち移動した後にベルリンの総統官邸に入ったが、多くの参謀将校たちはバイエルン方面へ避難していった。

ゲッベルス自身は宣伝省の疎開を好まなかった。そこで宣伝省の職員たちに対して休暇や疎開先の家族の病気といった種々の理由による移動申請をすべて不許可にした上に、相互監視体制を敷いて逃亡を防いだ。そのような強制と混乱と最後の瞬間が訪れようとしていたときにゲッベルスは、「総統は裏切られたが総統は国民を裏切らない。そして、総統はドイツ滅亡の後まで生存してはならない。これはナチ・イデオロギーが生きる唯一の道である」としていた。

ヒトラーの側近たちは南ドイツで戦線の指揮を執るように懇請していたが、ヒトラーは応じなかった。ゲッベルスにとってもヒトラー崇拝と偶像化こそが宣伝の中心であったので、ヒトラーのベルリン残留の意思を常に確かめていた。ゲッベルスからすれば自分が造ったヒトラー神話ゆえに、英雄的な最後を必要としたのである。

ヒトラー帝国崩壊が迫った一九四五年四月十五日にゲッベルスがもっとも手強い敵の一人と見ていた米大統領ルーズベルトが死去した。前線視察から宣伝省に戻ったゲッベルスは、この報告を聴くと上機嫌になり「これこそ我々が待ちに待った奇跡である」と周囲に語り、ヒトラーに電話をかけて「ルーズベルトが死去しました、総統おめでとうございます、我らの星占いでは四月中旬によき転機ありと示されていました」と述べた。

ゲッベルスはこの数日間に限っていえばルーズベルト個人の死によって政治上で勝利できるという幻想を手にしたが、それは総統が引退して米国が大戦争から足を抜けば、連合国の結束は崩れるであろうという奇跡を信じようとしたからである。だが、勿論、連合国大同盟（グランドアライアンス）に影響を与えることはなかった。

「ドイツ週刊ニュース」1945年３月22日号（最終号755号）に見られた、ヒトラー・ユーゲント隊員に鉄十字章を授与するヒトラーで、これが最後の映画映像となった。

ベルリン防衛総司令官のゲッベルスは国民すべてに、「国家存亡の瀬戸際にある我々は、これまでの前世紀的戦争を棄て去って新たな戦争革命を起こさねばならない。国民よ立ち上がれ！」と叫び、「ベルリンを守らざる者は国家反逆者として処断する」と宣言した。そして、多くの人々が親衛隊の手でみせしめのためにベルリンの街角の電柱から吊るされたが、国際政治も悪戦況も変わらなかった。

ゲッベルスによる戦争の実態を映像にしてドイツ本国の家庭に持ち込む革新的な宣伝手段であった「ドイツ週刊ニュース」は、一九四〇年の第五一一号から一九四五年三月二十二日の第七五五号まで製作された。この最後のニュースはベルリン防衛戦に従事するヒトラー・ユーゲントの少年兵に鉄十字章を授与するヒトラー最後の映像となるものだった。

一九四五年四月に発行された最後のダスライヒ（帝国）紙上でゲッベルスはつぎのように述べている。

「このような状況下において生存することを考える者があるだろうか。今こそ英雄らしく立ち向かって行こうではないか。我が国民が全力をもって立ち向かえば倒せぬ者はない。この瞬間において絶対的なことは自分の生命を賭することである」

ここにゲッベルスがナチ帝国の最終章を、自らを筆頭にして、いかに英雄的に飾らなければならないかという意図が込められていたのである。

一九四五年四月半ばにヒトラーは東部戦線へ向けた将兵激励文を発表した。

「……ペルシャ（トルコ）がギリシャ・アテネの城門まで肉薄しながら滅亡したように、ソビエトは我が帝国の入り口で流血をもって壊滅するであろう……」

という原稿のすべてはゲッベルスが書き直して発表したものであり、両者の立場の逆転を示す重要なポイントであった。

四月十六日からソビエト軍のベルリンへの総攻撃によって砲撃音が聞こえ始めると、ランケの家にいたゲッベルスの家族はシュヴァネンヴェルダー島の別荘へ移った。ヒトラーはころころと指示を変えていたので、ゲッベルスとしては総統の英雄的終末を演出するために総統官邸地下壕に移ったヒトラーの動向に注意を払っていた。

四月十九日はゲッベルス最後の記者会見となったが、恒例のベルリン爆撃がゲッベルスの演説を途絶させた。そして、ベルリンの降伏や新兵器の投入、そして西方での停戦交渉の噂の真偽を記者が求めたが、発表は何もなかった。だがこの席でゲッベルスは「私は降伏したドイツで生き残るつもりはないし家族もそうである」と述べている。この夜遅くにゲッベルスはシュヴァネンヴェルダーの別荘から子供六人を含む家族をベルリンへ呼び寄せた。

四月二十日は総統地下壕でヒトラー最後の誕生祝いが開かれてナチ政権幹部が祝賀に訪れたが、すべての政府機関のベルリン退去が行なわれていて混沌としていた。ゲッベルスは翌四月二十一日に危険が身近に迫ってそわそわするベルリンの管区指導者（クライスライター）を集めて最後の訓示を与えた。

「私は家族をベルリンへ呼び寄せており家を離れない、諸君らも部署を守り任務を全うせよ。そして、万策尽きた時はいかにこの地で死するかを決することになる」と述べた。

ベルリン防衛総司令官のゲッベルスは兵器を持てる者は誰一人ベルリンを離れてはならぬと布告を出していた。実際にはベルリンを離れる特別許可書はベルリン防衛司令官であるヘルムート・ライマン中将の司令部で発行されたが、ライマンはゲッベルスの布告を無視して数千通の許可証を発行した。その一方で宣伝省では二人の秘書が地方へ逃げだしてしまいゲッベルスは激怒していたが、実情は職員や雇員らがひそひそとベルリンからの脱出の手段を話し合っていたのである。

ベルリンの交通網は破壊されて定例会議もなくなり、ティアガルテン公園を含む市街中心部はソビエト軍の大口径砲の砲撃にさらされていた。爆音の喧騒の中でゲッベルスは側近のフリッチェに「国際連盟の脱退に賛成票を与え、政策を支持し、戦争を選んだのは国民である」と述べた。これにはフリッチェは呆れて、「大臣閣下、それは違う、国民投票時に『これこそ平和への一里塚だ』とヒトラーが演説したではないか」と反論したが、この希代の扇動者ゲッベルスは顔色ひとつ変えなかったとフリッチェの回想録には述べられている。

一九四五年四月二十二日午後五時にゲッベルス一家は総統官邸地下壕へ移動した。そして、宣伝省に近いゲッベルス邸の残された雇員たちは一斉に逃げ失せ、同時に警護の親衛隊員が消えてしまうと代わって国民突撃隊員が入った。四月初旬にヒトラーは地下二層式で上階に一二室あり下層階には一八室ある総統官邸の地下壕へ移った。ヒトラーと愛人だったエヴァ・ブラウン、総統官房長のマルチン・ボルマンのほかに秘書たちと多くの親衛隊員や軍人がいた。ゲッベルスはここでは主治医だったモレル博士が用いた室に入ってヒトラーが心変わりしないように身近で見張るつもりだった。

この期におよんで、ゲーリング元帥、国防軍最高司令部総長カイテル元帥、親衛隊長官ヒムラー、陸軍参謀総長ハンス・クレプス大将ら側近たちがヒトラーに山地への避難を勧めていたが、ゲッベルスは「総統の英雄的な終末」の意義に気付かないことを嘲笑した。そして、この混乱の中でゲッベルスは「英雄的終末」のためにヒトラーを古代ゲルマン人英雄のニーベルンゲン伝説の神秘な世界へと誘導して英雄夢を見させ続けようとした。

一方、まだ宣伝省の地下室で活動するゲッベルスの部下ハンス・フリッチェは総統官邸のゲッベルスと接触を試みたが、ゲッベルスの方がフリッチェとの面会を避けた。これはゲッベルスにとってもはや外部の世界は存在しなかったからである。ゲッベルスが総統地下壕に移ったのちにあれほど巨大だったドイツ宣伝省は急速に崩壊してしまい、二、三の放送局が細々と活動するだけで新聞はたまに一枚紙で発行される程度だった。すでにベルリンの印刷所は破壊されていたので、ダスライヒの最終号はライプチッヒで四月二十二日付けで発行されて終わった。

四月二十二日に「パンツァベーア（装甲熊）」というベルリン防衛のための前線新聞が発行されたが、これは熱狂的な市街戦の模様やベルリン市民へ耐久戦闘を求める扇動紙であり、ゲッベルスが設けたプロパガンダ・マシンの最後のあがきであった。

Lesen und weitergeben!

Der Panzerbär

KAMPFBLATT FÜR DIE VERTEIDIGER GROSS-BERLINS

Der Führer in Berlin

Schlacht um Berlin in voller Heftigkeit

Erfolgreiche Abwehr und Gegenangriffe im Süden der Ostfront – Lage im Westen kaum verändert

Aufruf des Gauleiters:

Männer Berlins!

Friedrich der Große an den Prinzen Heinrich

前線新聞「パンツァベーア」の1945年４月22日号でヒトラーのベルリン防衛の決意が述べられた。

同じ四月二十二日に総統地下壕での会議でヒトラーが「国家元帥の方がうまくやるだろう」という発言をしたと、出席者の空軍参謀総長のカール・コラー空軍大将から報告を聞いたゲーリング元帥は、てっきり指揮権を譲られたと理解した。そして、避難先の山地ベルヒテスガルテから「総統はベルリンで包囲されており行動の自由を失われた。よって指揮権を譲られたい」という、いわば確認のための電文を送った。これを利用してボルマンとゲッベルスはゲーリングを裏切り者に仕立て上げてしまったが、ゲッベルスの真意はもはやそのようなことはどうでもよく、総統の英雄的自殺の遂行にのみあったのである。

四月二十五日になると、ソビエト軍がベルリンを完全に包囲してしまった。四月二十六日、ゲッベルスと妻マクダと六人の子供が総統官邸地下壕で過ごしていた時に、赤十字総裁のカール・フランツ・ゲルプハルトがマクダを訪ねてベルリン脱出を促したが果たせなかったという最後のエピソードの一つを、著名な女流パイロットのハンナ・ライチェがのちに語っている。また、ヒトラーの愛人だったエヴァ・ブラウンも運命の受容者の一人であり、ヒトラーとの死によって二人の恋愛は完結するとしていたが、後世の歴史家は「ヒトラーに死は必然であると問いかけたのはエヴァとゲッベルスの二人である」と指摘している。

四月二十八日に総統官邸地下壕の住人が集められて、ソビエト軍がここへ入る前に毒を仰いで自殺するようにヒトラーは命じたが（のちに側近たちに自殺をしないようにと述べている）、彼自身どこかで奇跡を求めていた。壕に籠もるゲッベルス一家とエヴァ・ブラウン以外の住人たちは脱出の機会をじっと窺っていた。

ソビエト軍と米軍はエルベ川の東西で手を握りドイツは二つに分断されてしまい、ベルリンの大半をソビエト軍が掌握して市街が燃え上がり火の海となった時、ヒトラーとエヴァ・ブラウンの結婚式が四月二十九日の真夜中過ぎに行なわれた。ゲッベルス夫妻が付添人となり二人を囲んで簡単なパーティーが開かれたが、ヒトラーは中座して遺書を書いた。

そこには「ドイツは戦争を自ら望まず戦争の責任を負うのはユダヤ人である。今次大戦はドイツ民族の生きる意志を勇敢に表明する最も輝かしい時として歴史に残される……」とあったが、これも、ゲッベルスの宣伝手法の典型的な例と見られている。

1945年４月末でも最後の宣伝努力がなされていた。「勝利かシベリア」かという街角のスローガン。

ヒトラーは死にあたり総統に取って代わろうとしたゲーリングと、スウェーデンを通じて連合国と和平交渉を進めたヒムラーを追放して、今さら何の意味も持たないが新内閣を発表して海軍元帥カール・デーニッツを後継者とし、ゲッベルスを新首相に任命してボルマンをナチ党大臣にした。

ここで、ゲッベルスはヒトラーの遺言書の補足文を書いた。そこにはヒトラーによるゲッベルスの、自殺を禁ずる命令に反するが非運の座にある総統の傍を離れるわけには行かない、生きのびるのは恥ずべきことでドイツ国民の尊敬を失う、私がドイツのために何事かを果たすときにはこの尊敬が必要不可欠なのである、といったことが述べられていた。ゲッベルスはヒトラー神話を造り上げたが、一方でヒトラーの神話的な終焉を図っていた。

四月三十日の昼にヒトラーは二〇人ほどを招いて簡単な宴を開いたが、一時間後に副官のグンシェに自分たち二人の遺体の焼却を命じた。同日の午後二時ころに妻のエヴァとともに壕内の区画を回って人々と握手をしたのちの午後三時半ころに、ヒトラーはピストルで自殺してエヴァは毒薬を仰いで死んだ。二人の遺体は地上へ運ばれるとガソリンをかけて燃やされたが、すでにソビエト軍の砲弾がこのあたりに着弾して土を掘り返していた。

四月三十日の深夜から五月一日にかけて国防軍最高司令部参謀長ハンス・クレプス大将とソビエト軍のワシリー・チェイコフ元帥の間で降伏交渉が行なわれた。五月一日の早朝にボルマン、ゲッベルス、クレプス大将を中心にして脱出会議が開かれて、クレプス大将はゲッベルスに装甲車を提供すると申し出たが、「私はベルリンを退去する気はない」と言い放った。そしてゲッベルスは、人々の脱出が開始されたら時を置かずに壕へ火を放てと命じ、「総統地下壕の火災は目を引くイベントだな」と、この場におよんでもプロパガンディストらしさを発揮していた。

ゲッベルス家族の死については幾つかの説があるが、ウィリアム・シャイラーの大著『第三帝国の興亡』ではつぎのように記述される。五月一日の夕方にマクダは六人の子供を医師による予防注射の名目で世を去らせたのちに、四八歳まで数ヵ月を残していたゲッベルスは副官のギュンター・シュヴェーゲルマンにガソリンの入手を命じてから、妻と私は自殺するので遺体を焼いてもらいたいと依頼した。ヒトラー神話を造り出して国民を扇動してナチ体

1945年5月2日、ベルリンが陥落してソビエト軍に発見されたゲッベルス夫妻と並ぶ子供たちの遺体。

制を維持した男ゲッベルスは最後まで自分の死に様を考えていた。午後八時三十分ころにゲッベルス夫妻は壕から地上に出ると親衛隊の衛兵二人に依頼して後頭部に二発の銃弾を撃ち込んでもらった。そして、四缶のガソリンを持って待機していた副官のシュヴェーゲルマンと運転手のラッハが遺体焼却のために壕から地上へ出て準備されていたガソリンを掛けて火が放たれた。

午後九時に多くの親衛隊隊員を含む五〇〇～六〇〇名の残存者たちが大急ぎで総統壕から脱出してゆく途中で二つの遺体が眼に入ったが、誰も気にもかける余裕などなかった。翌五月二日にソビエト軍は燃え残ったゲッベルスと妻マクダ、そして子供たちの遺体を発見して本国へ運んで解剖した。

この日、ソビエト第一白ロシア方面軍のジューコフ元帥はヒトラー帝国の牙城ベルリンを占領したと発表し、ベルリン守備隊も同日午後三時に降伏した。だが、驚くことに瓦礫となった宣伝省の地下ではまだハンス・フリッチェが踏みとどまっていて、ゲッベルスの死を聞くとラジオを用いて和平提案をしようと準備中にソビエト兵が飛び込んできた。

肝心のベルリン市民がゲッベルスの死を知ったのは随分あとのことだったが、あの「嘘も幾回も反復すれば事実になる」と述べた希代の宣伝家ゲッベルスのことだから、死んだというのもデマの一つであろうと見ていた。やがて、ゲッベルスの遺体の写真がソビエト側から公開されても、人々はまだ、あのやり手のゲッベルスだからアルゼンチンあたりに隠れているとか、やれ、スペインにいるとか、バイエルンに密かに逃れたとかひっそりと語っていた。しかし、ゲッベルス自身が後世の歴史において自分の存在と死に様に込めたはずの「神話的英雄性」などだれも気にもかけなかったのである。

NF文庫書き下ろし作品

◎ The Secret Conferences of Dr. Goebbels: The Nazi Propaganda War, 1939-43, by Willi Boelcke, English Edition, E.P. Dutton.1970.

◎ The Encyclopedia of The Third Reich, Edited by Chiristian Zentner and Friedemann Bedurftig, Da Capo Press 1997

◎ Encyclopedia of World war II, Vol.1－Vol.25, The Marshall Cavendish, Orbis Publishing Limited 1972

◎ The Echo of War. Home Front Propaganda and the Wartime BBC, 1939-45, by Sian Nicholas, Manchester University Press, 1996

◎ Atlas of the Second World War, by Peter Young and Richard Natkiel, G.P. Postnams Sons, 1974

◎ The Rise and Fall of the Third Reich, by William L. Shirer の邦訳版
第３帝国の興亡 １巻～５巻 東京創元社刊 井上勇訳

◎ マインカンプ（わが闘争邦訳版）：秋永芳郎：秋田書店 1967 年刊

◎ ヒトラー最後の 10 日間：ゲルハルト・ボルト著・松谷健二訳・ＴＢＳ出版会昭和 49 年刊

◎ 群衆心理：ギュスターブ・ル・ボン著（桜井成男訳）講談社文庫 1993 年刊

◎ ゲッベルス・メディア時代の政治宣伝：平井正著・中公新書刊 1991 年

◎ ヒトラー上・下巻：ヨアヒム・フェスト著・赤羽龍夫ほか訳・河出書房新社・1975 年刊

◎ 歴史読本：Ｖｏｌ．13・ヒトラーの戦争・新人物往来社・昭和 63 年 10 月刊
その他

主要参考資料

◎ The Goebbels Diaries, The Last Days, By Hugh Trevor-Roper, 1977

◎ Goebbels the Man Nest to Hitler, by Rudolf Semmler, Arms Pr. Inc. 1982

◎ Joseph Goebbels. A biography, By Curt Riess, Ballantine Books, New York, 1960

◎ Josef Goebbels: Life and Death, by Toby Thacker, Macmillan 2009

◎ Propaganda, By Anthony Rhodes, Magna Books, 1993

◎ Propaganda Kompanien, by Nicolas Ferard, Histoire & Collections 2014

◎ Posters That Won The War: by Drek Nelson, Motorbooks Intenational, 1991

◎ Goebbels-Josaeph-Michael-Ein-Deutsches-Schicksal-on-Tagebuchblaettern. Internet Archive（小説ミヒャエル＝ゲッベルスの自伝的日記）

◎ Joseph Goebbels, by Helmuth Heiber, collocquium verlag, 1962

◎ Goebbels Diaries 1939-41, by Fred Taylor, Hamish Hamilton, 1982.

◎ The Nazis, by Robert Edwin Herzstem, World War II-Time-Life Books, 1980

◎ Nazi Propaganda and the Second World War, by Aristole A. Kallis, Palgrave Macmillan. 2008.

◎ Prelude to War, by Robert T. Nelson, World War II-Time-Life Books, 1980

◎ Hitler, by Joahim Fest translated from the German by Richard and Clala Winston, Vintage Books 1975

◎ Hitler's War Machine, Editorial Consultant Robert Cecil, Hamlyn, 1976

◎ Doctor Goebbels: His Life & Death, by Roger Manvel & Heinrich Fraenkel, Skyhorse Publishing 2010. (Original 1960, Heinemann).

NF文庫

ゲッベルスとナチ宣伝戦 新装版

二〇二二年八月二十日 第一刷発行

著 者 広田厚司

発行者 皆川豪志

発行所 株式会社 潮書房光人新社

〒100-8077 東京都千代田区大手町一-七-二

電話／〇三-六二八一-九八九一(代)

印刷・製本 凸版印刷株式会社

定価はカバーに表示してあります

乱丁・落丁のものはお取りかえ致します。本文は中性紙を使用

ISBN978-4-7698-3276-8 C0195

http://www.kojinsha.co.jp

NF文庫

刊行のことば

第二次世界大戦の戦火が熄んで五〇年――その間、小社は夥しい数の戦争の記録を渉猟し、発掘し、常に公正なる立場を貫いて書誌とし、大方の絶讃を博して今日に及ぶが、その源は、散華された世代への熱き思い入れであり、同時に、その記録を誌して平和の礎とし、後世に伝えんとするにある。

小社の出版物は、戦記、伝記、文学、エッセイ、写真集、その他、すでに一、〇〇〇点を越え、加えて戦後五〇年になんなんとするを契機として、「光人社NF（ノンフィクション）文庫」を創刊して、読者諸賢の熱烈要望におこたえする次第である。人生のバイブルとして、心弱きときの活性の糧として、散華の世代からの感動の肉声に、あなたもぜひ、耳を傾けて下さい。

＊潮書房光人新社が贈る勇気と感動を伝える人生のバイブル＊

ＮＦ文庫

中立国の戦い
スイス、スウェーデン、スペインの苦難の道標

飯山幸伸

戦争を回避するためにいかなる外交努力を重ね平和を維持したのか。第二次大戦に見る戦争に巻き込まれないための苦難の道程。

戦史における小失敗の研究
二つの世界大戦から現代戦まで

三野正洋

太平洋戦争、ベトナム戦争、フォークランド紛争など、かずかずの戦争、戦闘を検証。そこから得ることのできる教訓をつづる。

潜水艦戦史

折田善次ほか

深海の勇者たちの死闘！　世界トップクラスの性能を誇る日本潜水艦と技量卓絶した乗員たちと潜水艦部隊の戦いの日々を描く。

戦死率八割──予科練の戦争

久山　忍

わずか一五、六歳で志願、航空機搭乗員の主力として戦い、戦争末期には特攻要員とされた予科練出身者たちの苛烈な戦争体験。

弱小国の戦い
欧州の自由を求める被占領国の戦争

飯山幸伸

強大国の武力進出に小さな戦力の国々はいかにして立ち向かったのか。北欧やバルカン諸国など軍事大国との苦難の歴史を探る。

海軍局地戦闘機

野原　茂

強力な火力、上昇力と高速性能を誇った防空戦闘機の全貌を描く決定版。雷電・紫電／紫電改・閃電・天雷・震電・秋水を収載。